T0277157

LaLiga

**ANUARIO OFICIAL
TEMPORADA 21-22**

M

Papel certificado por el Forest Stewardship Council®

Primera edición: noviembre de 2022

Printed in Spain – Impreso en España

ISBN: 978-84-18798-94-8
Depósito legal: B-16.730-2022

Compuesto en dâctilos
Impreso en Macrolibros S. L.

GT 9 8 9 4 8

LaLiga

ANUARIO OFICIAL
TEMPORADA 21-22

Montena

LaLiga Santander

Índice

LaLiga

91 TEMPORADAS DE ÉXITOS Y EMOCIONES

Casi 94 años de historia... y 91 temporadas ya completadas (ya que durante los tres años de la guerra civil española no hubo fútbol profesional en España). Ese es el balance de una competición que no ha dejado de crecer en ningún momento y que sigue presentando unas cifras deportivas espectaculares: de 2005 a 2021, todos los premiados con el Balón de Oro han jugado en LaLiga (algunos con varios balones de oro, como Lionel Messi, con siete, y Cristiano Ronaldo, con cinco) y seis de las últimas nueve ediciones de la Champions League (2013-2014) las han ganado equipos españoles.

En los últimos años se tiende a infravalorar comparativamente el fútbol español y a insistir en la ascensión económica y publicitaria de otros campeonatos, pero, cuando llega el momento de la verdad, ahí están LaLiga y sus clubes, sabiendo combinar una extrema competitividad con una eficiencia económica que garantiza el futuro gracias al Control Económico, el marco normativo que rige en LaLiga desde 2013 para asegurar la sostenibilidad de la competición. El nuestro es un campeonato que huye del concepto de «club Estado» y que pretende estar muy cerca de sus aficionados sin por ello renunciar a su expansión mediática y televisiva a los mercados más destacados del planeta.

Antes de centrarnos en lo que sucedió la pasada temporada, 2021-2022, hagamos un breve repaso a esas nueve décadas de fútbol profesional en España y recordemos algunos de los nombres míticos que han marcado nuestras vidas, las de nuestros padres y las de nuestros abuelos.

LA FUNDACIÓN DE UNA LIGA PROFESIONAL DE FÚTBOL

El fútbol entró en nuestro país a finales del siglo XIX, y su expansión, especialmente por las ciudades costeras que comerciaban con Inglaterra, fue continua durante los siguientes años. No tardó mucho en convertirse en un fenómeno de masas. En 1929, por ejemplo, hasta 25.000 personas compraron sus entradas para ver en Mestalla (Valencia) la final de Copa del Rey entre aquel RCD Espanyol de Barcelona del mítico portero Ricardo Zamora y el Real Madrid del implacable delantero Jaime Lazcano, con victoria para los primeros por dos goles a uno.

Ese mismo año se consolidó el intento de establecer una competición que uniera lo que hasta entonces habían sido campeonatos regionales. Aprovechando la doble aproximación a ello de 1928, con la crea-ción de la Unión de Campeones y la Liga de Clubs, los diez mejores equipos del país se acabaron juntando en una sola liga española, todos contra todos. Los «padres» fundadores fueron el Athletic Club, el Athletic Club de Madrid (posteriormente Atlético Aviación y, desde 1947, Atlético de Madrid, sin más), el Real Madrid, el FC Barcelona, la Real Sociedad, el Arenas Club de Guecho, el Real Unión de Irún, el Club Deportivo Europa, el RCD Espanyol de Barcelona[1] y el Real Santander Racing Club. En resumen, dos equipos madrileños y ocho de localidades costeras del norte (cuatro vascos, tres catalanes y uno cántabro) empezaban el 10 de febrero de 1929 una aventura maravillosa con la disputa de cinco partidos para la primera jornada. El primero en empezar, un RCD Espanyol de Barcelona 3-Real Unión 2, pasaría a la historia como el primer partido de lo que hoy es LaLiga. El primer gol lo marcó «Pitus» Prat para el equipo barcelonés, aunque el héroe de esa primera jornada fuera el madridista Lazcano, con cuatro goles frente al Europa. Precisamen-

---

1. Desde 1995, Reial Club Deportiu Espanyol de Barcelona, SAD (nombre con que se aludirá en adelante).

te, el Real Madrid llegó como líder a la última jornada, pero el campeonato acabó en las manos del FC Barcelona del mítico centrocampista catalán José Samitier.

LOS AÑOS TREINTA:
GOROSTIZA Y EL ATHLETIC CLUB

Los primeros años de la competición fueron de claro dominio bilbaíno. El Athletic Club se impuso en la segunda edición (temporada 1929-1930), y repitió título en 1931, 1934 y 1936. Aquel era el equipo dirigido por Frederick Pentland, entrenador con el que el club bilbaíno ganó sus dos primeras ligas (1930 y 1931) y cuatro copas consecutivas, entre 1930 y 1933. Pentland combinaba su labor al frente del primer equipo con estancias en el Athletic Club de Madrid, al que sacaría de segunda división en 1934.

La gran estrella en el campo de ese Athletic Club era Guillermo Gorostiza, protagonista de una larga carrera en dicho equipo (1929-1940), en donde al final coincidió brevemente con los famosos «mosqueteros» bilbaínos, y tras la cual aún ofreció un gran juego que le permitió ser varias veces campeón como parte de la «delantera eléctrica» del Valencia CF hasta mediados de los años cuarenta. Ahí estaban también Unamuno, Lafuente, Bata y compañía, formando la base del primer equipo dominador de nuestra competición.

La guerra civil española rompió en dos el país, impidió jugar la liga de fútbol y frenó la trayectoria meteórica del Athletic, como también la del Real Madrid de

Zamora y Quincoces, ganador de dos títulos en esa década, y la del Real Betis, que consiguió su único título hasta la fecha en 1935. La posguerra traería un panorama muy diferente.

LOS AÑOS CUARENTA:
EL VALENCIA CF DE LA «DELANTERA ELÉCTRICA»

El relevo del Athletic Club lo tomó el equipo llamado Athletic Aviación Club desde 1939 y, más tarde, Club Atlético Aviación entre 1941 y 1947, después de un cambio de nombre de «Athletic» por «Atlético». El equipo de Ricardo Zamora —ahora como entrenador— se impuso en los campeonatos de 1940 y 1941 con jugadores como Enrique Collar («el Niño»), Elicegui y el devastador Pruden, autor de 33 goles en 22 partidos en el segundo campeonato de liga que se llevaron los rojiblancos.

La primera división de lo que hoy es LaLiga ya contaba con doce equipos, muchos de los cuales no habían formado parte del grupo inicial. Ahí estaban el Hércules (llamado Alicante Club Deportivo solo de 1941-1942), el RC Celta, el Real Zaragoza, el Real Murcia y el Sevilla FC... y el Valencia CF, uno de los dos grandes dominadores de la década, con su famosa «delantera eléctrica» formada, entre otros, por el mencionado Gorostiza, Asensi y «Mundo» (Edmundo Suárez), el máximo goleador de la historia del equipo en liga. Juntos ganaron los títulos de 1942, 1944 y 1947.

Fue una década de esplendor, pues el público necesitaba ahogar las penas del hambre y la desolación en ocio..., y el fútbol se presentaba entonces como una opción asequible para el bolsillo de todos. Hablamos de los míticos años de los «mosqueteros» del Athletic Club (Iriondo, Venancio, Panizo, Gainza y Zarra), los años de Basora y César en el FC Barcelona, ganadores de los campeonatos de 1945, 1948 y 1949, y los de un veteranísimo Isidro Lángara, vasco que jugó con el Real Oviedo desde 1930 hasta 1936, y que volvió del exilio tras más de una década sin jugar en España para ayudar durante dos temporadas a su Oviedo en 1946, justo el año que vio cómo el Sevilla FC se proclamaba campeón por primera y única vez en su historia.

LOS AÑOS CINCUENTA:
DI STÉFANO COMO UN ANTES Y UN DESPUÉS EN LALIGA

Sobre el fichaje del argentino Alfredo Di Stéfano por el Real Madrid y los líos burocráticos entre el River Plate, Millonarios de Bogotá, FC Barcelona y Real Madrid, se ha escrito tanto que cada uno tendrá ya su opinión formada. El caso es que, si hay un jugador que ha cambiado él solo la historia de un club, ese jugador es Di Stéfano y ese club es el Real Madrid. Hasta su llegada, el equipo presidido por Santiago Bernabéu había coqueteado en alguna ocasión con el descenso y no dejaba de ser un secundario en una competición dominada por el Athletic Club, el Valencia CF, el FC Barcelona e incluso su vecino del entonces Stadium Metropolitano, el Atlético de Madrid.

En 1953, llegó el argentino y todo cambió. FC Barcelona y Atlético de Madrid se habían repartido los campeonatos de 1948 a 1953, con cuatro y dos, respectivamente. Los catalanes habían fichado a Ladislao Kubala y formado una delantera que se prometía imparable, campeona de hecho de cinco Copas del Rey consecutivas y protagonista de una canción de Joan Manuel Serrat, «Temps era temps» («Érase una vez»), con aquel «Basora, César, Kubala, Moreno y Manchón». Sin embargo, la llegada de Di Stéfano, junto a, posteriormente, las de Ferenc Puskás, Paco Gento o Raymond Kopa, supuso un antes y un después.

El equipo blanco, incapaz de ganar una sola liga desde 1933, cuando ni siquiera se llamaba «Real» por cuestiones políticas, se impuso en 1954, 1955, 1957 y 1958, quedando para el Athletic Club el título de 1956 y para el gran FC Barcelona del centrocampista Luisito Suárez y del portero Ramallets los títulos de 1959 y 1960. Sería el preludio de un claro dominio madridista durante la década posterior, y que se mantendría —con sus altibajos, obviamente— hasta nuestros días.

LOS AÑOS SESENTA: EL REAL MADRID «YE-YE» Y LA EXCEPCIÓN LUIS ARAGONÉS

De la temporada 1960-1961 a la 1968-1969, el Real Madrid ganó ocho de nueve ligas. Se marchó Di Stéfano, se marchó Puskás, se marchó Kopa..., pero el equipo siguió funcionando gracias a lo que se hizo llamar la «generación ye-ye», en honor al tremendo éxito de los Beatles con su canción «She loves you» y su «yeah, yeah, yeah». Ahí estaban Sanchís, Pirri, Zoco, Velázquez y, por encima de todos, el gallego Amancio Amaro. Amancio, junto a otro gallego, Luis Suárez (por entonces jugador del Inter de Milán), fue uno de los responsables del gran éxito de España a nivel internacional en aquella época.

Con Miguel Muñoz en el banquillo, el Real Madrid se mostró como un equipo inaccesible... con la única excepción de la temporada 1965-1966, en la que el Atlético de Madrid consiguió hacerse con el título por un solo punto. Entrenados por Domingo Balmanya, los rojiblancos juntaron a la generación de Collar, Griffa y Calleja con la de Luis Aragonés, Adelardo, Ufarte y Glaría. El resultado fue un campeonato perfecto cimentado en el juego total de Luis, de vuelta a casa tras su paso por el Real Betis.

El FC Barcelona llegó a ser subcampeón de LaLiga cuatro veces, incapaz de romper el dominio de su máximo rival, el Real Madrid. Tal vez la sorpresa más gratificante de aquella década fue la irrupción en 1968 de la Unión Deportiva Las Palmas, que, de la mano de Luis Molowny y un juego preciosista, acabó segunda aquella temporada, lo cual es el mejor resultado de su historia, por supuesto.

LOS AÑOS SETENTA:
EL PRIMER ADVENIMIENTO DE JOHAN CRUYFF

El fichaje de Cruyff levantó mucha expectación y generó muchas portadas, aunque en realidad solo ganara el campeonato de LaLiga en la temporada de su debut, la 1973-1974. Algo es algo, aquel título de LaLiga fue el único para el FC Barcelona en veinticinco años.

Por lo demás, fue otra década de intenso dominio madrileño. El Atlético de Madrid, ya con Gárate, Irureta y Ovejero, más buena parte de la vieja guardia, se hizo con el título en 1970, 1973 y 1977. El Real Madrid se impuso en 1972, 1975, 1976, 1978, 1979 y 1980. A la continuidad de los

Pirri y Amancio se sumó la llegada de jugadores como Camacho, Juanito, Santillana, Del Bosque y una inmensa cantidad de «García», que no aportaban tanto glamur como sus predecesores pero ofrecían los mismos resultados. (Por eso fue llamado el «Madrid de los García».)

El único título que escapó de las manos de los equipos madrileños y de las del FC Barcelona de Johan Cruyff fue el de la temporada 1970/71, que acabó en Mestalla. Aquel Valencia CF, entrenado ni más ni menos que por Alfredo Di Stéfano, ganó la liga en el último partido pese a perder contra el RCD Espanyol de Barcelona en Sarrià. Hasta cuatro equipos acabaron en un pañuelo de solo dos puntos de diferencia, con el FC Barcelona empatado con el Valencia CF, pero por debajo en golaveraje directo. Abelardo, Sol, Claramunt, Paquito, Pellicer o Forment forman desde entonces parte de la historia valencianista.

LOS AÑOS OCHENTA:
EL RENACER DEL FÚTBOL VASCO, MARADONA Y LA «QUINTA DEL BUITRE»

Con matices, que siempre los hay, la década de los ochenta fue una década de canteras. Para empezar, las de los equipos vascos, como la Real Sociedad y el Athletic Club. Los primeros se llevaron el título en 1981 y 1982 (a punto habían estado en 1980), con un equipo aguerrido y de fútbol directo, encabezado por Ormaetxea como entrenador desde el banquillo y por Zamora, Satrústegui,

Arconada, López Ufarte, Górriz o un jovencísimo Bakero sobre el campo.

Aquellos dos campeonatos consecutivos, únicos en la historia de los txuriurdines, se vieron continuados por otros dos del Athletic Club, que tenía a su máxima figura en el banquillo dirigiendo: Javier Clemente. Retirado del fútbol pocos años antes por una lesión, Clemente construyó un equipo dificilísimo de vencer, con Zubizarreta en la portería, Goikoetxea y Liceranzu cerrando la defensa, Gallego, De Andrés y Argote organizando el juego... y Manu Sarabia y Dani culminando todo el trabajo ofensivo.

El gran rival del Athletic Club durante esos años fue, sin duda, el FC Barcelona de Diego Armando Maradona. La estrella argentina, fichada en 1982, no llegó a brillar del todo, y la culpa la tuvieron a partes iguales una fuerte entrada de Goikoetxea y el hecho de que Clemente y el Athletic Club le tuvieran tomada la medida a su equipo.

En cuanto a la segunda mitad de la década, solo cabe referirse al dominio absoluto del Real Madrid de la llamada «Quinta del Buitre», que cogió el relevo en 1986, tras el título del FC Barcelona de Terry Venables, y ya no lo soltó hasta 1991. Aquel era un equipo de cantera en parte —Butragueño, Míchel, Martín Vázquez, Sanchís y Pardeza, la famosa «Quinta del Buitre», así llamada por el apodo de Butragueño—, con los acompañamientos ideales venidos de fuera: Hugo Sánchez, Buyo, Gordillo, Maceda, Janković, Valdano, Hierro..., prácticamente todos «hijos» de aquel hombre carismático llamado Ramón Mendoza, que presidió el club entre 1985 y 1995.

Fuera del campo, la gran noticia de la década fue la creación de la Liga de Fútbol Profesional (LFP) en 1984, primero bajo la presidencia de Manuel Vega-Arango (presidente del Sporting de Gijón), y después de Antonio Baró (presidente del RCD Espanyol de Barcelona), de diciembre de 1984 hasta 2001.

LOS AÑOS NOVENTA:
EL TENERIFE, ANTIĆ Y EL AUGE DEL «SUPERDÉPOR»

Johan Cruyff llegó como entrenador a un FC Barcelona en llamas en 1988, y sus primeros dos años dejaron varios momentos de zozobra. Pensar en la labor de Cruyff como una historia de éxito inmediato es erróneo. Al holandés le costó ganarse a la prensa, a la grada y, sobre todo, a su propia directiva. Ahora bien, cuando lo hizo, todo fue sobre ruedas: cuatro ligas consecutivas, de 1991 a 1994, lo atestiguan. Zubizarreta, Stoichkov, Laudrup, Romario, Koeman, Guardiola, Bakero, Begiristain, Amor, Eusebio, Goikoetxea, Ferrer... son nombres que estarán siempre ligados a aquel «Dream Team».

Con todo, si por algo se recuerda a aquel equipo, además de por su juego preciosista y de ataque, es por la emoción que depararon tres de sus cuatro campeonatos. En 1992 y 1993, necesitaban que el Real Madrid no le ganara al CD Tenerife..., y no le ganó. En 1994, dependía del fallo del Deportivo, que tropezó después de errar un penalti lanzado por Djukić al borde del tiempo de prolongación, empatando así a cero ante el Valencia CF. Aquella parecía la última oportunidad del llamado «superdépor» de ganar una liga, pero el destino le brindaría otra años más tarde.

Aquel Deportivo dirigido por Arsenio Iglesias, con Fran, Donato, Bebeto, Liaño, Claudio, Mauro Silva, Aldana y compañía se vio reivindicado en la temporada 1999-2000 por el del entrenador Irureta, con Makaay, Naybet, Djalminha, el «Turu» Flores y Flávio Conceição, consiguiendo la

única liga de la historia del club coruñés. En medio, las apoteosis futbolísticas de Redondo, Laudrup, Amavisca y Zamorano en la temporada 1994-1995, las de Raúl, Mijatović y Šuker en la 1996-1997, otras dos ligas para el FC Barcelona de Louis Van Gaal, con Figo, Kluivert y Rivaldo, en 1998 y 1999, y sobre todo el doblete del Atlético de Madrid en 1996, cuando ganó LaLiga y la Copa del Rey.

El proyecto ganador de Jesús Gil y Gil, encabezado por Radomir Antić, consiguió ganarle al Valencia CF de Luis Aragonés el título más preciado y la jugada de Caminero en el Camp Nou que acabó en gol de Roberto Fresnedoso pasaría a la historia de la cultura popular gracias a la película *Carne trémula*, de Pedro Almodóvar.

LA DÉCADA DE 2000:
EL REGRESO DEL VALENCIA CF, LOS «GALÁCTICOS» Y UN EXTRATERRESTRE LLAMADO RONALDINHO

Habíamos dejado al Valencia CF en 1971, celebrando el campeonato con Alfredo Di Stéfano, y 31 años después llegó Rafa Benítez y consiguió ganar LaLiga en 2002 y en 2004 con una generación irrepetible: Mendieta, Cañizares, Ayala, Marchena, Baraja, Aimar, Vicente, Carboni... ya no estaban el mítico «Piojo» López ni el «Burrito» Ortega, que en tantos apuros habían puesto al FC Barcelona de Van Gaal años antes, pero aquel equipo era digno sucesor del que ganó otro trofeo bajo la dirección de Claudio Ranieri y jugó dos finales de Champions con Héctor Cúper.

Mediáticamente, la primera década de los dos mil fue la de los llamados «galácticos», el término con el que se refirió la prensa al equipo formado bajo la presidencia de Florentino Pérez en el Real Madrid, llegando a juntar a Raúl González, Ronaldo, Zidane, Figo, Beckham, Roberto Carlos..., y luego llegaron otros, como Michael Owen, Robinho y Sergio Ramos. La idea funcionó en 2001 y 2003, consiguiendo sendos títulos bajo la dirección de Vicente del Bosque, pero no progresó a partir de entonces. Tuvo que volver Fabio Capello para que los blancos se reencontraran con la victoria en 2007, la temporada de las remontadas imposibles y del gol de Tamudo para el RCD Espanyol de Barcelona en el Camp Nou, gol que le daba el campeonato al Real Madrid.

Precisamente, para el FC Barcelona fue una década de altibajos. Los altos fueron muy altos, y los bajos, bajísimos. Con Guardiola de entrenador, en 2009 consiguió ganar LaLiga, la Copa del Rey y la Champions, algo que no había hecho ningún equipo español hasta el momento, y lo hizo gracias a los Xavi, Iniesta, Messi, Puyol, Henry y compañía. Antes, con Ronaldinho, un jugador de otro planeta, el club ganó los títulos de 2005 y 2006..., rompiendo así cinco años completamente en blanco, los peores de la historia moderna del club.

El brasileño de sempiterna sonrisa deslumbró al mundo con sus regates imposibles, sus disparos desde cualquier posición y su capacidad inventiva. Todo eso no bastó para evitar que el Real Madrid se alzase con el título en 2008, dirigido por Bernd Schuster, con un equipo menos vistoso que el de Carlos Queiroz en 2004 y menos épico que el de Capello el año anterior, pero tremendamente sólido y que ganó LaLiga con mucha suficiencia.

DE 2010 HASTA HOY:
MOURINHO CONTRA GUARDIOLA, CRISTIANO CONTRA MESSI, Y SIMEONE, EL «VERSO SUELTO»

De 2010 a 2022, el FC Barcelona ha ganado siete ligas (la última en 2019), el Real Madrid ha ganado cuatro (la última en 2022) y el Atlético de Madrid se ha llevado las dos restantes (2014 y 2021). Fueron trece temporadas intensísimas en todos los sentidos, destacando el enfrentamiento durante dos temporadas de dos genios como técnicos en los banquillos como son Pep Guardiola y José Mourinho. Hasta sus ruedas de prensa eran vibrantes, y todo el «planeta fútbol» las seguía con gran expectación.

En los terrenos de juego, los dos máximos líderes del FC Barcelona y del Real Madrid se consagraban a su vez como los dos mejores jugadores del mundo, y con muchísima diferencia. Leo Messi y Cristiano Ronaldo fueron prácticamente turnándose para ganar el Balón de Oro durante once años, dejando casi siempre la sensación de que el tercero en cuestión, fuera quien fuera, quedaba muy lejos de ellos. Entre 2010 y 2021, Messi fue seis veces balón de oro, y Cristiano Ronaldo, cuatro; la excepción la puso Luka Modrić, que ganó el premio en 2018. Si unimos a eso la irrupción de la selección española en la élite del fútbol de selecciones, con la conquista de la Eurocopa de 2008, el Mundial de 2010 y de nuevo la Eurocopa de 2012, entenderemos que LaLiga se convirtiera inevitablemente en el centro de atención del mundo entero.

En ese contexto, la conformación del Atlético de Madrid de Simeone tuvo un mérito impresionante. Contra todo pronóstico, se impuso en el campeonato de 2014 con un empate (1-1) en el Camp Nou en la última jornada. En 2021 repitió la hazaña, encadenando remontadas en las últimas jornadas. Simeone supo ganar con Courtois (en la puerta), Godín, Arda Turán y Diego Costa, y siete años después supo hacerlo con Oblak (en la puerta), Giménez, Carrasco y Luis Suárez, entre otros.

En 2013 se produjo la llegada de Javier Tebas a la presidencia de LaLiga. Desde entonces, la lucha por una competición limpia, sin amaños y sin excesos económicos que condenen a los clubes se ha convertido en su principal cometido, además de penetrar en los mercados estadounidenses y asiáticos, consiguiendo así la difusión de la competición a nivel global.

Una temporada en cifras

TEMPORADA 2021-2022

REAL MADRID

HISTORIA DE UN AÑO PERFECTO

Año de fundación: **1902**

Temporadas en LaLiga Santander: **91**

Mejor clasificación: **1.º (35 veces)**

Máximo goleador histórico en LaLiga Santander: **Cristiano Ronaldo (312 goles en nueve temporadas con el Real Madrid)**

Clasificaciones en los últimos cinco años (de 2022 a 2018): **1.º, 2.º, 1.º, 3.º, 3.º**

Once tipo: **1-4-3-3**

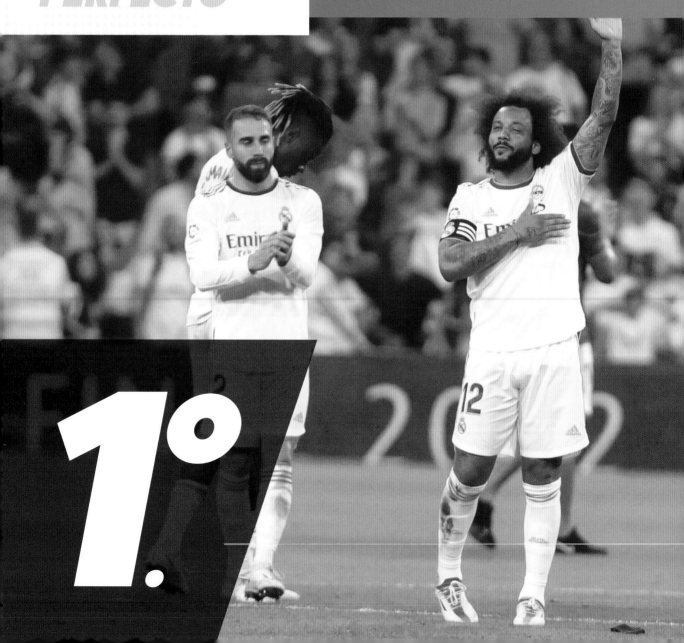

1.º

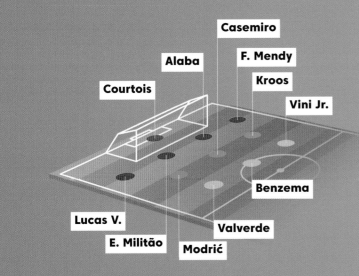

Casemiro
Alaba
F. Mendy
Kroos
Courtois
Vini Jr.

Benzema

Lucas V.
Valverde
E. Militão
Modrić

El Real Madrid se mostró como el gran dominador de LaLiga Santander desde el principio hasta el final. Líder de la competición desde la jornada 3, cuando se impuso 0-1 en el campo del Real Betis, el Real Madrid compitió a cara de perro con el Sevilla FC durante la primera vuelta, y poco a poco fue imponiendo su regularidad.

Con tres jugadores estadísticamente por encima del resto —Thibaut Courtois y la delantera formada por Karim Benzema y Vini Jr.—, el equipo blanco supo sobreponerse a las recurrentes lesiones de dos de sus estrellas, Gareth Bale y Eden Hazard, que apenas pudieron disputar minutos a lo largo de la competición. Aunque el 0-4 en la vuelta de ElClasico ante el FC Barcelona no fue plato de buen gusto —aquel día no pudo jugar Karim Benzema—, en vez de venirse abajo, el Real Madrid se creció gracias al empuje y las piernas frescas de Eduardo Camavinga, Fede Valverde y Rodrygo Goes, verdaderas revelaciones de la segunda vuelta. En defensa, no se notó el cambio de la pareja Sergio Ramos-Raphael Varäne por la de David Alaba-Éder Militão.

El Real Madrid se proclamó campeón en la jornada 34 con una goleada ante el RCD Espanyol de Barcelona en el Bernabéu (4-0). Era la primera vez que conseguía el título matemáticamente con tanta antelación desde la temporada 1987-1988, hace ya treinta y cuatro años. La mezcla de veteranos —Casemiro, Kroos, Modrić, Carvajal, el propio Benzema— y noveles —Vini Jr., Rodrygo, Militão, Camavinga, Valverde…— encajó de maravilla en una temporada perfecta.

MÁS GOLES

27
GOLES

Karim Benzema

En la temporada 2021-2022, Benzema no solo fue el máximo goleador del Real Madrid, sino también de LaLiga. Pese a disputar solo 32 partidos por diversas molestias y descansos, el francés se erigió como el jugador más destacado de su equipo y de la competición, formando una pareja letal con el brasileño Vinícius Júnior (Vini Jr.), que marcó 17 goles.

MÁS ASISTENCIAS DE GOL

Karim Benzema

Además de marcar goles, Benzema supo encontrar a sus compañeros para que marcaran ellos. Si antes hablábamos de la sociedad con Vini Jr., no hay dato estadístico que la ejemplifique mejor que el siguiente: de las doce asistencias de gol dadas por Benzema, seis fueron para habilitar al brasileño. A su vez, de las diez de Vini Jr., cinco fueron para habilitar al francés. Tampoco se quedó muy lejos el croata Luka Modrić, con ocho pases de gol, entre los diez mejores de la competición.

12
ASISTENCIAS

Thibaut Courtois

Teniendo en cuenta que el belga solo encajó 29 goles en LaLiga Santander, sus 93 paradas suponen tres intervenciones con éxito por cada gol recibido. Courtois disfrutó de uno de los mejores años de su carrera con unas cuantas paradas que acercaron al Real Madrid al título y evitaron que los blancos se dejaran puntos en campos complicados como el del Elche CF o el del RC Celta.

93
PARADAS

MÁS PASES COMPLETADOS

Toni Kroos

Aunque la temporada del alemán se vio mermada por sus molestias en el pubis, volvió a ser el metrónomo del Real Madrid, completando más de dos mil pases. No se quedaron demasiado atrás Militão (1.779), Alaba (1.749) o Casemiro (1.688), los cuatro entre los quince mejores de la competición.

2.040
PASES COMPLETADOS

Éder Militão

Destacar como defensa en el Real Madrid es difícil, ya que, en la mayoría de los partidos, el equipo tiene la obligación constante de atacar. Aun así, cuando el Real Madrid pierde el balón, ahí está el joven brasileño Militão para recuperarlo cuanto antes. Casemiro ocupó la segunda posición en esta estadística, con 38 balones robados, y Nacho Fernández acabó tercero con 34, pese a ser suplente durante buena parte de la temporada.

52
RECUPERACIONES

EL DATO

25 goles en los últimos quince minutos

Casi uno de cada tres goles que marcó el Real Madrid en LaLiga Santander llegó en los últimos quince minutos de partido (más los respectivos tiempos de prolongación). Los siguientes en la lista fueron el Atlético de Madrid y el Levante UD, con 19 y 18 cada uno.

FC BARCELONA

DE LA FRUSTRACIÓN A LA ESPERANZA

Año de fundación: **1899**

Temporadas en LaLiga Santander: **91**

Mejor clasificación: **1.° (26 veces)**

Máximo goleador histórico en LaLiga Santander: **Leo Messi (474 goles en 18 temporadas con el FC Barcelona)**

Clasificaciones en los últimos cinco años (de 2022 a 2018): **2.°, 3.°, 2.°, 1.°, 1.°**

Once tipo: **1-4-3-3**

2.°

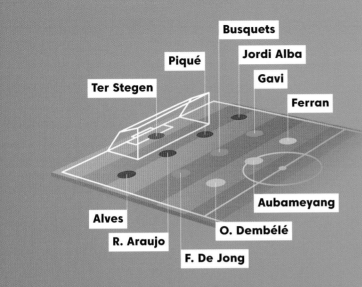

Ter Stegen
Piqué
Busquets
Jordi Alba
Gavi
Ferran
Alves
R. Araujo
F. De Jong
O. Dembélé
Aubameyang

El inicio de temporada no pudo ser más complicado para el FC Barcelona. Después de trece jornadas, el equipo iba noveno, a doce puntos del líder, y ya había tenido que prescindir de su entrenador, Ronald Koeman. El presidente Joan Laporta recuperó entonces a uno de los mejores jugadores de la historia de LaLiga, Xavi Hernández, para ponerlo a dirigir la plantilla desde el banquillo. En los diez partidos con Koeman como entrenador, el FC Barcelona promedió 1,5 puntos por partido. Con Xavi, esa media subió a 2,12 en veintiséis encuentros.

Esa mejoría en el juego y en los resultados culminó en el 0-4 que el FC Barcelona consiguió ante los merengues en el Santiago Bernabéu en la vuelta de ElClasico. De ver de lejos los puestos de clasificación para la Europa League, el FC Barcelona fue escalando posiciones y acabó segundo en la tabla con cierta comodidad. En ello tuvieron mucho que ver los refuerzos del mercado de invierno, como Ferran Torres, Pierre-Emerick Aubameyang o Adama Traoré. Con las jóvenes promesas (Gavi, Nico, Eric García...) y la velocidad de Ousmane Dembélé, el FC Barcelona consiguió dar un paso adelante, pese a no poder contar con Pedri González ni con Ansu Fati durante buena parte de la temporada.

Sin duda, las lesiones de estos dos últimos jugadores fueron las peores noticias para los culés. Entre ambos, se perdieron 54 partidos de liga. En los doce que sí pudo jugar Pedri, el FC Barcelona consiguió diez victorias y dos empates.

MÁS GOLES

Memphis Depay

El inicio de temporada de Memphis Depay fue buenísimo, pero las primeras molestias fueron apagando su estrella. En la segunda vuelta, además, apareció Aubameyang, fichado del Arsenal, y le quitó el puesto como titular gracias a sus once goles. Fueron los únicos en superar los diez tantos. El siguiente, Luuk de Jong, se quedó en seis, la mayoría, eso sí, en momentos clave.

12
GOLES

MÁS ASISTENCIAS DE GOL

13 ASISTENCIAS

Ousmane Dembélé

El francés Dembélé consiguió completar la segunda vuelta sin molestias, y eso se notó sobre el campo. Gracias a su facilidad para el desborde, el francés acabó la temporada como máximo asistente de LaLiga Santander, justo por delante de su compatriota Benzema. También rindió a alto nivel, como siempre en esta faceta, Jordi Alba (diez asistencias de gol). El siguiente, a mucha distancia, fue Gavi, con cinco.

Marc-André ter Stegen

Aunque en algún momento las sensaciones defensivas del FC Barcelona no fueron las mejores (recibió dos o más goles en nueve partidos), lo cierto es que Ter Stegen acabó con más de dos paradas por encuentro (2,17 para ser exactos), sin llegar al gol encajado por partido (34 en 35 disputados). Una proporción más que aceptable.

76
PARADAS

MÁS PASES COMPLETADOS

Sergio Busquets

Teniendo en cuenta que Xavi Hernández quiso revitalizar la trayectoria de su equipo a través del pase, es normal que los dos jugadores que más pases han completado de LaLiga sean del FC Barcelona: Busquets, con 2.425, y Jordi Alba, con 2.071. De hecho, son los únicos, junto a Toni Kroos, en superar la barrera de los 2.000 pases correctos. Eric García hizo honor a su fama de buen distribuidor superando también los 1.500, entre los veinte mejores de la competición.

2.425
PASES COMPLETADOS

Sergio Busquets

Pasan los años y ahí sigue Busquets recuperando balones para empezar la siguiente posesión de su equipo. Busquets ha sido el gran muro defensivo de su equipo, justo por delante de Eric García (44) y de Gerard Piqué (34).

45
RECUPERACIONES

EL DATO

Equipo mayor goleador de cabeza

Uno asocia al FC Barcelona de Xavi Hernández con un juego preciosista de toque y elaboración... Sin embargo, ha sido el equipo que más goles de cabeza ha metido en toda LaLiga (16), bastante por delante de los siguientes: Sevilla FC (11) y CA Osasuna (10). Para el FC Barcelona, prácticamente un gol de cada cuatro ha llegado por alto.

ATLÉTICO DE MADRID

UN AÑO MÁS HACIENDO LOS DEBERES

Año de fundación: **1903**

Temporadas en LaLiga Santander: 85

Mejor clasificación: **1.° (11 veces)**

Máximo goleador histórico en LaLiga Santander: **Adrián Escudero (150 goles en 13 temporadas con el Atlético de Madrid)**

Clasificaciones en los últimos cinco años (de 2022 a 2018): **3.°, 1.°, 3.°, 2.°, 2.°**

Once tipo: **1-5-3-2**

3.°

J. M. Giménez
R. De Paul
M. Hermoso
Reinildo
Oblak
Kondogbia
Griezmann
Carrasco
João Félix
Savić
Koke

El campeón de LaLiga 2020-2021 empezó el año con unas expectativas altísimas, producto de su excelente resultado en la competición de la temporada pasada y de la llegada de fichajes de relumbrón, como Rodrigo de Paul o Antoine Griezmann. Sin embargo, pronto empezamos a ver que este equipo se parecía más al que sufrió hasta el minuto final del último partido para alzarse con el título que al que consiguió cincuenta puntos en la primera vuelta.

Un dato que sirve para explicar esta irregularidad es el de goles encajados: 43 cuando en ninguna de las anteriores ocho temporadas había superado los 29. En ataque, Luis Suárez acabó de suplente, turnándose con Antoine Griezmann y Ángel Correa para generar peligro en el área (26 goles entre los tres). Solo cuando se acercaba el final de LaLiga pudimos ver la versión más explosiva de *João Félix*, aunque una lesión volvería a cortar su mejoría.

Con todo, el Atlético de Madrid cumplió con los objetivos de la temporada y por décimo año consecutivo, acabó entre los tres primeros de la competición. Es cierto que las lesiones afectaron demasiado a la continuidad de determinados jugadores, sobre todo en defensa, donde José María Giménez apenas pudo imponer su superioridad física, pero vimos destellos de Matheus Cunha, y Yannick Carrasco jugó una excelente temporada; además, el fichaje de Reinildo marcó un antes y un después.

MÁS GOLES

12 GOLES

Ángel Correa

La facilidad de Correa para crear sus propias oportunidades, volver loca a la defensa rival y revolucionar el ataque de su equipo es digna de elogio. No se sabe muy bien si es un delantero, un interior o un extremo, pero da igual: llega al área cuando tiene que llegar. Superó en un gol a Luis Suárez (11, aunque no jugó mucho en el último tercio del campeonato) y en cuatro a João Félix, tercer máximo anotador con ocho tantos.

MÁS ASISTENCIAS DE GOL

6 ASISTENCIAS

Yannick Carrasco

La temporada de Carrasco ha sido excelente, haciéndose dueño y señor de la banda izquierda rojiblanca. Carrilero con llegada en el 5-3-2 que le dio el título al Atlético de Madrid el año pasado, también sabe, cuando es preciso, reconvertirse en media punta en un 4-4-2 o un 4-2-3-1. Es un excelente centrador y acapara el juego a balón parado de su equipo, lo que explica que haya sido el jugador que más asistencias de gol ha dado. Detrás de él, pisándole los talones, de nuevo Ángel Correa (5) y el francés Thomas Lemar (5).

Jan Oblak

Como decíamos antes, tras encajar 25, 27, 29, 22 y 27 goles en los cinco años anteriores, esta temporada el Atlético de Madrid ha recibido 43. Una diferencia notable. En el caso de Oblak, hasta dieciséis porteros han acumulado más paradas que el esloveno, algo a lo que no estamos acostumbrados.

66
PARADAS

MÁS PASES COMPLETADOS

Koke Resurrección

Como pivote o como interior, Koke sigue cumpliendo un año más. Nunca se esconde a la hora de pedir el balón, y es el jugador ideal para las transiciones veloces del Atlético de Madrid. Solo él, Stefan Savić, Rodrigo de Paul y Mario Hermoso han conseguido superar los mil envíos completados.

1.492
PASES COMPLETADOS

MÁS RECUPERACIONES

Geoffrey Kondogbia

Kondogbia llegó a principios de temporada procedente del Valencia CF para dar sentido al juego de ataque del Atlético de Madrid, y se acabó convirtiendo en un excelente pivote defensivo. Aunque se ha perdido algo de ese jugador que no dejaba de correr de un área a la contraria, su instinto a la hora de meter la pierna le ha colocado como el máximo recuperador de balones de su equipo.

44
RECUPERACIONES

EL DATO

Equipo que menos remates recibió

Pese a recibir dieciocho goles más que el año pasado, el Atlético de Madrid fue, junto al FC Barcelona, el equipo que menos remates recibió en toda LaLiga: 348, de los que tan solo 107 fueron entre los tres palos.

SEVILLA FC

OTRO AÑO MÁS EN LA CHAMPIONS LEAGUE

Año de fundación: **1905**

Temporadas en LaLiga Santander: **78**

Mejor clasificación: **1.° (1946)**

Máximo goleador histórico en LaLiga Santander: **Juan Arza (182 goles en 17 temporadas con el Sevilla FC)**

Clasificaciones en los últimos cinco años (de 2022 a 2018): **4.°, 4.°, 4.°, 6.°, 7.°**

Once tipo: **1-4-2-3-1**

4.°

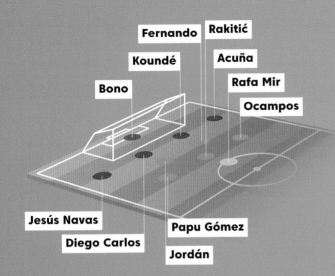

Fernando
Rakitić
Koundé
Acuña
Bono
Rafa Mir
Ocampos
Jesús Navas
Papu Gómez
Diego Carlos
Jordán

Al inicio de temporada del Sevilla FC de Julen Lopetegui, junto a los titubeos de los grandes rivales de siempre, hizo pensar al aficionado sevillista durante unos cuantos meses que, 76 años después del título de 1946, había plantilla y competitividad suficiente para luchar por LaLiga Santander. Quien así pensara no iba demasiado desencaminado. En la jornada 24, el Sevilla FC aún estaba a cuatro puntos del líder.

El Sevilla FC ha tenido la mejor defensa del campeonato —Bono (Yassine Bounou) se ganó un año más la titularidad en la puerta, pese al fichaje de Dmitrović—, y su medio del campo, con Jordán, Fernando, Papu Gómez y Rakitić, más las internadas por los laterales de Montiel, Jesús Navas y Acuña, fue de primer nivel defensivo y ofensivo. Sin embargo, le faltó algo de suerte debido a las lesiones de Lucas Ocampos, probablemente la estrella del equipo, lo que explica que, a falta de catorce jornadas, cuando rozaba el liderato, el Sevilla FC fuera cayendo en la clasificación hasta un cuarto puesto, conseguido *in extremis* en el Wanda Metropolitano gracias a un gol del marroquí En-Nesyri en el minuto 85 de partido.

Al final, hay que tener en cuenta que el Sevilla FC ha cumplido con sus dos objetivos más realistas: clasificarse por tercer año consecutivo para la Champions —un récord para el club— y quedar un puesto por delante del Real Betis. Después de años buscando la estabilidad, parece que el Sevilla FC por fin la ha conseguido con Lopetegui y un buen puñado de estrellas. La felicidad debe parecerse mucho a eso.

MÁS GOLES

10
GOLES

Rafa Mir

Rafa Mir es un jugador con tanta presencia en el campo que parece imposible no fijarse en todos sus movimientos. Su potencial es enorme; de hecho, ha acabado con diez goles pese a jugar solo dieciocho partidos como titular. Más allá de Mir, el Sevilla FC ha tenido muchos problemas con el gol: detrás del exjugador del Huesca, encontramos a Ocampos, con seis tantos. Ningún otro jugador superó los cinco goles.

MÁS ASISTENCIAS DE GOL

Ivan Rakitić

El año de Rakitić, omnipresente en jugadas a balón parado, ha sido fabuloso en esta estadística. Del jugador que se pasaba todo el partido llegando al área rival hemos pasado, ya en la treintena, a un comodín que mide sus intervenciones y que decide con éxito. Es el único sevillista entre los treinta jugadores con más asistencias de gol de LaLiga. Ocampos y Tecatito Corona se quedaron en cuatro.

6 ASISTENCIAS

MÁS GOLES EVITADOS

76 PARADAS

Bono

Espectacular la temporada del marroquí. El fichaje de Marko Dmitrović, procedente del descendido Eibar, amenazaba su titularidad, y él acabó sacando lo mejor de sí mismo. Portero menos goleado de LaLiga, Bono ha promediado 2,5 paradas por partido en un equipo al que le llegan muy poco con peligro. Portero de reflejos más que de contundencia en el área, protagonizó algunas de las grandes paradas del año.

MÁS PASES COMPLETADOS

Diego Carlos

No parece casualidad que los más destacados en esta estadística sean dos defensas: Diego Carlos (1.911) y Jules Koundé (1.865). Esto muestra la voluntad de Lopetegui de sacar el balón con criterio y calidad desde atrás. Hablamos de una pareja de centrales que pasará a la historia del Sevilla FC. Tras ellos, encontramos a varios jugadores por encima de los mil pases completados, algo no muy habitual: Jordán (1.589), Rakitić (1.336), Acuña (1.304) y Fernando (1.110).

1.911
PASES COMPLETADOS

MÁS RECUPERACIONES

30
RECUPERACIONES

Joan Jordán

Es curioso que haya hasta 58 jugadores con más balones recuperados que el primero del Sevilla FC en esta estadística de LaLiga. Jordán es de esos jugadores que destacan por una inteligencia fuera de lo común. Por eso, Lopetegui ha decidido confiar en él como titular en 31 de los 38 partidos de competición liguera. Clave en el buen hacer del equipo durante la primera vuelta, el catalán ha dado este año un enorme paso adelante en su carrera.

EL DATO

Baja eficacia de disparos y remates a puerta

Si el Sevilla FC no pudo aguantar el ritmo del Real Madrid durante más tiempo fue en buena parte por sus problemas de cara al gol. Su eficacia en remates y disparos a portería lo dice todo: solo cinco equipos tiraron con peor puntería que el Sevilla FC, lo que, sin duda, le costó muchos puntos.

REAL BETIS

LA OBRA MAESTRA DE «EL INGENIERO» PELLEGRINI

Año de fundación: **1907**

Temporadas en LaLiga Santander: **56**

Mejor clasificación: **1.° (1935)**

Máximo goleador histórico en LaLiga Santander: **Hipólito «Poli» Rincón (78 goles en ocho temporadas con el Real Betis)**

Clasificaciones en los últimos cinco años (de 2022 a 2018): **5.°, 6.°, 15.°, 10.°, 6.°**

Once tipo: **1-4-3-3**

5.°

Rui Silva
Pezzella
Canales
Alex Moreno
William Carvalho
Juanmi
Borja Iglesias
Bellerín
Fekir
Bartra
Guido

Juntar calidad y resultados es el reto de todo entrenador, y Manuel Pellegrini lleva dos años lográndolo en Heliópolis. Con una plantilla de jugadores de primerísimo nivel técnico —Àlex Moreno, Marc Bartra, William Carvalho, Nabil Fekir, Sergio Canales, Guido Rodríguez...—, Pellegrini ha sabido sacar el máximo partido a ese talento y juntarlo con la competitividad extrema de un Juanmi Jiménez, un Borja Iglesias, un Germán Pezzella....

El Real Betis ha demostrado esta temporada ser un equipo con poquísimas fisuras. Capaz de ganar en el Camp Nou y de empatar en la última jornada en el Bernabéu —van ya cinco años consecutivos sin recibir un gol en el estadio del Real Madrid—, los verdiblancos han luchado hasta el último momento por meterse en la Champions League, ilusionando en el camino a su afición con partidos descomunales, como el 1-4 al RCD Espanyol de Barcelona o el 0-3 al Valencia CF.

Siempre jugando al son que imponen Fekir y Canales, el Real Betis es un equipo con gol: junto al siempre fiable Willian José, ahí han estado en distintos momentos Juanmi y Borja «El Panda» Iglesias para sacar las castañas del fuego en más de un partido. La veteranía de Joaquín, la juventud de Rodri Sánchez, las virtudes complementarias de Rui Silva y Claudio Bravo..., todo se juntó para disfrutar de un año de fantasía en el Benito Villamarín. A sus sesenta y ocho años, Pellegrini culminó una auténtica obra maestra que no tiene pinta de quedarse aquí.

MÁS GOLES

Juanmi Jiménez

La madurez le llega a cada jugador en un momento distinto, y a Juanmi parece haberle llegado después de doce años en LaLiga y una temporada en el Southampton FC. Es difícil definir su posición, pues suele caer a banda para llegar al área en vez de robarle huecos al nueve de turno. De los dieciséis goles de Juanmi, ninguno ha sido de penalti, superando así a Borja Iglesias (10) o a Willian José (9), en principio llamados a ser los goleadores del equipo al principio de la temporada.

16
GOLES

MÁS ASISTENCIAS DE GOL

Nabil Fekir

Fekir es un absoluto genio. Aunque a veces su carácter puede pasarle factura (siete tarjetas amarillas y una roja a lo largo de la temporada), ese mismo carácter es el que le impide rendirse nunca y buscar siempre la portería contraria. Hábil en el balón parado, excelente lanzador de faltas y generador constante de ocasiones de gol, no es de extrañar que haya acabado con más asistencias de gol que nadie en el equipo, superando a Canales (7), el otro «mago» del medio del campo.

8
ASISTENCIAS

MÁS GOLES EVITADOS

Rui Silva

El Real Betis fue de los pocos equipos que decidió rotar incluso en la portería. Cada cuatro o cinco partidos, el portugués Rui Silva y el chileno Claudio Bravo se intercambiaban los guantes y la titularidad. Cuando le tocó al portugués, no defraudó a nadie, como atestiguan sus partidazos en el Martínez Valero de Elche, en el Reale Arena de San Sebastián o en el propio Benito Villamarín contra el Real Madrid.

55
PARADAS

MÁS PASES COMPLETADOS

Sergio Canales

Canales es el metrónomo del Real Betis. Es el jugador por el que pasan todos los balones, sea para empezar la jugada, para desarrollarla o para culminarla al borde del área. A sus treinta años de edad, y tras más de una década en LaLiga, Canales está en el mejor momento de su carrera y no se puede entender al Real Betis actual sin su calidad y su criterio. Su compañero en la medular Guido Rodríguez también está entre los que más pases completan en la competición (1.241), así como el omnipresente William Carvalho (1.155)

1.520
PASES COMPLETADOS

MÁS RECUPERACIONES

39
RECUPERACIONES

Germán Pezzella

En su segunda etapa en LaLiga y en el Real Betis, el argentino está demostrando una fiabilidad impresionante. Es el complemento ideal de Marc Bartra, guardándole las espaldas cuando sale con el balón controlado. De momento, parece que le ha ganado la batalla por la titularidad al veterano Víctor Ruiz.

Buena eficacia de disparos y remates a puerta

Al revés que su eterno rival local, el Real Betis mostró una puntería envidiable de cara a portería. De sus 377 remates, 189 fueron entre los tres palos, es decir, un poquito más de la mitad. Y de esos 189 remates a puerta, 62 acabaron en gol. Este alto porcentaje de gol sobre los disparos totales (del 16,4 %) solo fue superado por el FC Barcelona (17,2 %), el Atlético de Madrid (17,7 %) y el Villarreal CF (18,2 %).

REAL SOCIEDAD

UN AÑO AL QUE SOLO LE FALTÓ EL GOL

Año de fundación: **1909**

Temporadas en LaLiga Santander: **75**

Mejor clasificación: **1.° (dos veces)**

Máximo goleador histórico en LaLiga Santander: **Jesús María Satrústegui (133 goles en 13 temporadas con la Real Sociedad)**

Clasificaciones en los últimos cinco años (de 2022 a 2018): **6.°, 5.°, 6.°, 9.°, 12.°**

Once tipo: **1-4-3-3**

6.°

Zubeldia
Mikel Merino
Diego Rico
David Silva
Remiro
Isak
Gorosabel
Sørloth
Le Normand
Mikel Oyarzabal
Zubimendi

Pocos equipos son capaces de dominar sus partidos, imponer su sello en el campo y generar una oportunidad tras otra para desespero del rival. Los partidos de la Real Sociedad están construidos desde la seguridad del orden y el convencimiento de que el balón está mejor en los pies propios que en los ajenos... Y la fórmula está dando resultados.

Por tercer año consecutivo, los donostiarras jugarán en Europa después de acabar como el equipo con más partidos manteniendo la portería a cero de LaLiga (20, es decir, más de la mitad de los partidos jugados). Esa solidez defensiva, encabezada por el siempre sobrio portero Álex Remiro y dos excelentes centrales como son Le Normand y Zubeldia, tiene su continuidad en el centro del campo, donde la calidad (Silva, Rafinha) no está exenta de lucha y entrega (Mikel Merino, Zubimendi, Guevara).

Lo único que le ha faltado a la Real Sociedad este año ha sido culminar todo ese dominio en el último tercio del campo. Sin duda, la gravísima lesión de Oyarzabal es una de las principales explicaciones. Ni Isak ni Sørloth consiguieron compensar del todo su ausencia. Entre los dos, marcaron diez goles en toda la temporada (en 32 y 33 partidos respectivamente), mientras que Oyarzabal marcó nueve en 22 partidos. La mejor noticia, sin duda, es el paso adelante de los canteranos: Zubimendi, Gorosabel, Aihen Muñoz, Ander Guevara e incluso Ander Barrenetxea antes de su lesión, demostraron que el proyecto de la Real Sociedad no es flor de un día.

MÁS GOLES

9
GOLES

Mikel Oyarzabal

Pese a no poder disputar la mitad de la temporada por una terrible lesión de ligamentos, Oyarzabal volvió a acabar como máximo goleador del equipo. Ahora bien, cuatro de esos goles fueran de penalti. Detrás de él, los seis de Alexander Isak y los cuatro del central rematador Aritz Elustondo. Nadie más superó los tres goles.

MÁS ASISTENCIAS DE GOL

David Silva y Andoni Gorosabel

El canario Silva demostró que sigue siendo un mago a sus treinta y cinco años. Silva sigue llevando el fútbol a otro nivel de asociación gracias a sus paredes y sus pases filtrados. El lateral derecho Andoni Gorosabel también forjó cuatro asistencias de gol, gracias a su juego vertical y sus internadas hasta la línea de fondo.

MÁS GOLES EVITADOS

Álex Remiro

Un auténtico muro en Anoeta, Remiro ha completado su mejor año desde que llegara a San Sebastián: es un portero sobrio, que domina bien el juego por alto y presume de una colocación prodigiosa. No solo ha sido el portero con más ceros en su portería, sino que su equipo acabó con 37 goles en contra, ni siquiera uno por partido, pese a las goleadas que se llevó en el Camp Nou (4-2), el Villamarín (4-0) y el Bernabéu (4-1).

MÁS PASES COMPLETADOS

Robin Le Normand

Solo cuatro jugadores en toda LaLiga (Busquets, Jordi Alba, Kroos y Diego Carlos) completaron más pases que Le Normand. Un ejemplo de la obsesión del técnico Imanol Alguacil por sacar la pelota jugada y no sortearla nunca. El año de Le Normand ha sido magnífico en este y otros muchos aspectos, siempre bien colocado, contundente por alto y con buen criterio con el balón en los pies. Tras él, Mikel Merino (1.341) y Zubimendi (1.244) también superaron los mil pases con éxito a lo largo de la temporada.

1.895
PASES COMPLETADOS

MÁS RECUPERACIONES

Martín Zubimendi

Todo equipo que quiera tener la posesión y dominar mediante el control del balón sabe que tiene que recuperarlo cuanto antes. Ahí es donde entra Zubimendi en la Real Sociedad, siempre listo para ganar cualquier duelo, frenar un contraataque o simplemente cortar un pase rival con una colocación impecable. Junto a Le Normand (48), son los dos jugadores del equipo donostiarra entre los once mejores en este aspecto del juego.

49
RECUPERACIONES

EL DATO

Capacidad goleadora a balón parado

Hasta 17 goles (un 43,6 % del total) llegaron a balón parado, el tercer mejor registro de LaLiga. Curiosamente, la Real Sociedad también es uno de los tres equipos (detrás del Cádiz CF y del Atlético de Madrid) con mayor porcentaje de goles encajados a balón parado, también por encima del 40 %.

VILLARREAL CF

UN AÑO HISTÓRICO PARA EL SUBMARINO AMARILLO

Año de fundación: **1923**

Temporadas en LaLiga Santander: **22**

Mejor clasificación: **2.° (2008)**

Máximo goleador histórico en LaLiga Santander: **Gerard Moreno (65 goles en cinco temporadas con el Villarreal CF)**

Clasificaciones en los últimos cinco años (de 2022 a 2018): **7.°, 7.°, 5.°, 14.°, 5.°**

Once tipo: **1-4-4-2**

7.°

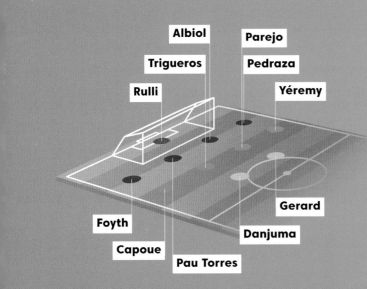

Rulli
Albiol
Trigueros
Parejo
Pedraza
Yéremy
Gerard
Danjuma
Foyth
Capoue
Pau Torres

Cuando se juegan tres competiciones y se llega a semifinales de la Champions League, es normal que un equipo pueda tener problemas de lesiones. Dicho esto, el Villarreal CF no solo ha tenido lesionados de entidad, sino de suficiente larga duración como para romperles por completo el ritmo de la temporada. El equipo empezó el año con un tridente temible Alcácer-Danjuma-Gerard, pero no hubo manera de verlos juntos más allá de minutos muy sueltos.

Estas lesiones impidieron a los del Submarino Amarillo tener la regularidad que buscaban, por lo que tuvieron que conformarse con una meritoria séptima plaza que le otorga el billete para la Conference League. Aun así, llegó a la penúltima jornada con aspiraciones de clasificarse para la Europa League, pero, en el partido decisivo para la clasificación, frente a la Real Sociedad en casa, los de Imanol Alguacil se llevaron el triunfo (1-2).

Aunque el Villarreal CF se mostró motivado y contundente ante los grandes (0-2 en el Camp Nou, 2-2 en el Wanda Metropolitano, 0-0 en el Bernabéu), su nivel bajó mucho fuera de casa contra equipos de la parte baja de la tabla (1-0 contra el Cádiz CF, 2-0 contra el Levante UD, 2-1 contra el D. Alavés..., casi de manera consecutiva). Hasta quince puntos se dejó el equipo contra los cinco últimos de la clasificación. De haberlos sumado todos, habría acabado el campeonato en segunda posición.

Arnaut Danjuma

Buena muestra de lo que podría haber sido la temporada del Villarreal CF la da el hecho de que Danjuma solo pudo jugar diecisiete partidos como titular, y Gerard, catorce partidos, y aun así marcaron diez y nueve goles, respectivamente. Danjuma, en concreto, fue una de las grandes estrellas de LaLiga durante la primera vuelta y uno de los mejores jugadores de toda Europa. Imparable en el desborde y eficaz en el área, también supo entenderse con sus compañeros (quince pases completados por partido y tres asistencias de gol en el total del campeonato).

10
GOLES

MÁS ASISTENCIAS DE GOL

Daniel Parejo

De los pocos que no tuvo excesivos problemas con las lesiones, Parejo demostró estar completamente adaptado al equipo en su segunda temporada. Puede jugar de pivote y organizar al equipo, puede liberarse para buscar el enganche con los de arriba y siempre es una amenaza en saques de esquina y faltas cercanas al área, donde produjo la gran mayoría de sus diez asistencias de gol, un registro que solo superaron dos jugadores en LaLiga (Dembélé y Benzema).

10 ASISTENCIAS

MÁS GOLES EVITADOS

Gerónimo Rulli

Al principio, pareció que la idea del técnico Unai Emery era repartir los minutos en la portería entre el argentino Rulli y el español Asenjo, pero al final se los acabó quedando prácticamente todos el argentino. Rulli es un portero vistoso y eficaz: capaz de parar penaltis (nueve desde que llegó a LaLiga), mostrar unos reflejos portentosos y ser clave en las victorias de su equipo.

75 PARADAS

MÁS PASES COMPLETADOS

1.744
PASES COMPLETADOS

Daniel Parejo

Como decíamos antes, Parejo está en todos lados, y su precisión es llamativa. Todas las jugadas mejoran cuando pasan por sus pies, de ahí que los compañeros se empeñen en buscarle continuamente. Abandonado el rol de llegador que asumió durante años en el Valencia CF, Parejo se ha consagrado en el Villarreal CF unos cuantos metros más atrás, ayudando a la circulación del balón junto a Iborra, Capoue o Trigueros, según la ocasión.

MÁS RECUPERACIONES

Étienne Capoue

Otra delicia de jugador que también tuvo problemas con las lesiones es Capoue. Es de esos futbolistas que hacen parecer que tu equipo juega con doce hombres. Hiperactivo, contundente, eficaz... siempre está donde está el balón, sea para robárselo al contrario o para dejarlo en los sabios pies de Parejo. Junto a él, solo Pedraza (34) y Parejo (29) aparecen entre los setenta y cinco mejores en esta estadística.

35
RECUPERACIONES

EL DATO

Un equipo de zurdos

Hasta 27 goles del Villarreal CF se marcaron con la pierna izquierda, aprovechando que Gerard y Danjuma son ambidiestros y que el zurdo Pedraza ha demostrado tener una llegada espectacular. Un 44 % del total de goles marcados.

LaLiga Santander

ATHLETIC CLUB
BILBAO

ATHLETIC CLUB

MOTIVOS PARA LA ESPERANZA

Año de fundación: **1898**

Temporadas en LaLiga Santander: **91**

Mejor clasificación: **1.° (ocho veces)**

Máximo goleador histórico en LaLiga Santander: **Telmo Zarra (251 goles en 15 temporadas con el Athletic Club)**

Clasificaciones de los últimos cinco años (de 2022 a 2018): **8.°, 10.°, 11.°, 8.°, 16.°**

Once tipo: **1-4-2-3-1**

8.°

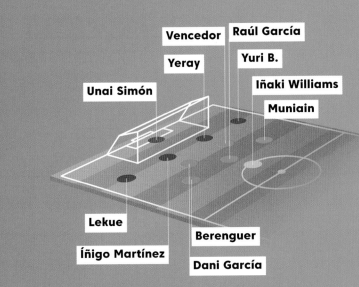

Vencedor
Raúl García
Yeray
Yuri B.
Unai Simón
Iñaki Williams
Muniain
Lekue
Berenguer
Íñigo Martínez
Dani García

Al igual que le pasara en 2019, el Athletic Club se quedó a un paso de jugar en Europa la temporada 2021-2022. Aunque es normal que los aficionados bilbaínos se impacienten, lo cierto es que el equipo ha dejado de coquetear con los puestos de descenso (acabó la temporada 2017-2018 en decimosexto lugar) y se ha establecido en la «clase media», a un paso de competir con los mejores.

Buena parte de ello se debe al buen hacer en las instalaciones de la cantera en Lezama, porque en los últimos años, los canteranos no dejan de dar alegrías, ofreciendo la base y el sustento de la actual plantilla rojiblanca bilbaína. Unai Simón demostró por qué es el portero titular de la selección española, Dani Vivian fue un descubrimiento formidable para el puesto de central, Nico Williams supo revolucionar la banda derecha con su desborde y Oiha Sancet tiene aires de estrella. A eso hay que unir un muy buen año de Iker Muniain y los destellos de Iñaki Williams, que sigue aumentando su racha de partidos consecutivos jugando al menos un minuto (232 partidos de manera ininterrumpida desde 2016).

Villalibre, Zarraga, Nico Serrano y compañía también tuvieron sus oportunidades, y Álex Berenguer no dejó de demostrar su calidad saliendo como suplente. Todo apunta a que se está montando una buena en Bilbao y, con un par de retoques, el equipo podrá aspirar a Europa con todas las de la ley.

MÁS GOLES

Iñaki Williams

Su capacidad para generar ocasiones de la nada le hace imprescindible. Sabe ver la jugada antes de que suceda, y aprovecha su velocidad para adelantarse. Sus ocho goles suponen el segundo mejor registro en una sola temporada desde que subiera al primer equipo en 2014. Detrás de él, acabaron el eterno Raúl García (seis goles) y el canterano Sancet (también con seis goles).

8
GOLES

MÁS ASISTENCIAS DE GOL

Iker Muniain

Si hablábamos antes de la facilidad para generar peligro de Williams, hay que valorar la capacidad para generar orden en el ataque de Muniain. La impresión es que está en todos lados. Baja a recibir, cae a banda izquierda, cambia a la derecha si es necesario, regatea en la frontal del área, se encarga de los saques de esquina, tira los penaltis y las faltas peligrosas... Solo seis jugadores en toda LaLiga llegaron a las diez asistencias de gol, y Muniain es uno de ellos.

10
ASISTENCIAS

MÁS GOLES EVITADOS

83
PARADAS

Unai Simón

Importantísimo año para Unai Simón. La confianza es siempre clave para un portero, y Simón la ha tenido a raudales. Pese a tener en el banquillo un enorme competidor como Julen Agirrezabala, Unai jugó 34 de los 38 partidos y demostró un mayor control del juego aéreo, algo que sumó a sus reflejos de siempre. Hablamos de un chico de veinticuatro años que ha recibido solo 31 goles en 34 partidos... y que ha parado 83 disparos en el camino. Cifras impresionantes.

MÁS PASES COMPLETADOS

1.164
PASES COMPLETADOS

Iker Muniain

Lo dicho: Muniain está en todos lados, y recorre el campo pidiendo el balón y mejorando cada jugada. Aparte de eso, es el eje de todas las jugadas a balón parado, lo cual siempre ayuda en esta estadística. El tradicional juego directo del Athletic Club tiene en él su momento de pausa. Es significativo que solo otro jugador, Unai Vencedor, haya completado más de mil pases en toda la temporada (en concreto, 1.005 pases).

MÁS RECUPERACIONES

45
RECUPERACIONES

Yeray Álvarez

Siempre tiene competencia, pero siempre acaba jugando minutos de calidad. Aunque no tuvo ninguna lesión grave como tal, sí arrastró molestias habituales que le impidieron tener continuidad en el once inicial. Aparte, se encontró con la competencia inesperada de Dani Vivian, en un año prodigioso. Yeray jugó 22 partidos, 21 de los cuales desde el puesto de titular. En otras palabras, recuperó más de dos balones por partido, uno de los registros más altos de LaLiga. Íñigo Martínez (39) tampoco se quedó mucho más atrás.

EL DATO

782 centros al área

Solo tres equipos (CA Osasuna, Rayo Vallecano y Cádiz CF) colgaron más balones para sus rematadores, aunque aún hay que trabajar en la precisión: solo un 21 % (uno de cada cinco, aproximadamente) se completaron con éxito.

VALENCIA CF

ORGULLO POR ENCIMA DE TODO

Año de fundación: **1919**

Temporadas en LaLiga Santander: **87**

Mejor clasificación: **1.º (seis veces)**

Máximo goleador histórico en LaLiga Santander: **Edmundo Suárez «Mundo» (186 goles en 11 temporadas en el Valencia CF)**

Clasificaciones en los últimos cinco años (de 2022 a 2018): **9.º, 13.º, 9.º, 4.º, 4.º**

Once tipo: **1-4-3-3**

9.º

Mamardashvili
Paulista
Soler
Gayà
Uroš Račić
Hugo Duro
Correia
Alderete
Guillamón
Guedes
Maxi Gómez

Recién llegado del Getafe CF, José Bordalás supo formar un equipo más que solvente. El entrenador alicantino encontró un portero de calidad en el georgiano Mamardashvili, formó una defensa sólida con dos laterales muy ofensivos y dos centrales potentes en el juego aéreo y supo manejar el continuo cambio de jugadores en la medular y la delantera.

Salvo Carlos Soler, el resto de los jugadores ha tenido muy escasa continuidad. Fuera por lesiones, por malos momentos de forma o por la llegada de competidores en mitad de la temporada (Bryan Gil o Ilaix Moriba, por ejemplo), el caso es que los Račić, Musah, Duro, Gómez o Chéryshev han ido pasando de la titularidad indiscutible al banquillo y de nuevo a la titularidad. Uno de los pocos jugadores con tiempo en el club y un puesto ya consolidado fue Daniel Wass, que se marchó a mitad de temporada al Atlético de Madrid.

Y, con todo, ya decimos, el Valencia CF se sostuvo. Se mantuvo todo el año cerca de los puestos europeos, compitió hasta el último partido en la Copa del Rey y solo el bache de final de temporada (nueve puntos en los últimos nueve partidos) le impidió optar con más firmeza a objetivos más altos. Un mal sabor de boca que no debe empañar un año más que solvente.

Carlos Soler y Gonçalo Guedes

El equipo se ha agarrado a ellos como a un clavo ardiendo... y los dos han respondido. Soler sigue siendo una garantía a balón parado y en el control del juego. Guedes ha demostrado que, con espacios, y no tan metido en una banda, no solo puede crear peligro, sino culminarlo. Detrás de ellos, solo un excepcional Hugo Duro (siete goles) y Maxi Gómez (cinco goles) llegaron a los cinco tantos.

11
GOLES

MÁS ASISTENCIAS DE GOL

6 ASISTENCIAS

Gonçalo Guedes

Su madurez y su mayor conocimiento del juego han ayudado a sus compañeros y le han colocado como el máximo asistente del equipo. A nadie le sorprenderá que el siguiente en la lista vuelva a ser Carlos Soler, con cinco asistencias de gol.

MÁS GOLES EVITADOS

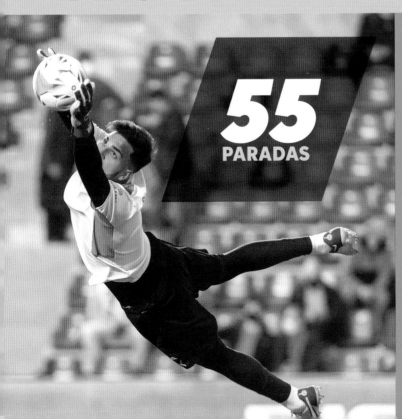

55 PARADAS

Giorgi Mamardashvili

55 paradas... en 18 partidos. Con más de tres paradas por partido, el georgiano Mamardashvili se ha convertido en una de las revelaciones de la temporada. Hombre de unos reflejos prodigiosos, ha tenido que disputarse la titularidad con el neerlandés Cillessen y Jaume Doménech. La lesión del neerlandés, cuando parecía haberse quedado con el puesto sin duda le ayudó..., pero más le ayudaron sus actuaciones.

MÁS PASES COMPLETADOS

884
PASES COMPLETADOS

Hugo Guillamón

Ningún jugador del Valencia CF consiguió completar siquiera novecientos pases durante la temporada. El objetivo ha sido recuperar cuanto antes y mandar un balón largo a la carrera de Guedes o de Duro, o tal vez un balón bombeado a Maxi Gómez. Más o menos lo que ya disponía Bordalás en el Getafe CF y que tan bien le salió. En ese sentido, Guillamón fue el que mejor supo cumplir las órdenes de su entrenador.

MÁS RECUPERACIONES

39
RECUPERACIONES

Gabriel Paulista

No tuvo el brasileño toda la continuidad que le habría gustado. Con la competencia de Mouctar Diakhaby y Omar Alderete, más las lesiones recurrentes, Paulista solo ha jugado 19 partidos, 15 de ellos completos. El hecho de que haya recuperado 39 balones habla a las claras de su eficacia en el duelo individual y su instinto para la anticipación.

EL DATO

Un total de 12.009 pases completados

El Valencia CF ha sido el equipo con menos pases completados de toda LaLiga Santander y el segundo con menos precisión en los mismos (71,3 %, solo por detrás del D. Alavés, con un 70,9 %).

CA OSASUNA

LA REGULARIDAD ENTRE LOS MODESTOS

Año de fundación: **1920**

Temporadas en LaLiga Santander: **40**

Mejor clasificación: **4.° (dos veces)**

Máximo goleador histórico en LaLiga Santander: **Sabino Andonegi (57 goles en seis temporadas con el CA Osasuna)**

Clasificaciones en los últimos cinco años (de 2022 a 2018): **10.°, 11.°, 10.°, 1.° (LaLiga SmartBank), 8.° (LaLiga SmartBank)**

Once tipo: **1-4-4-2**

10°

Juan Cruz
Torró
S. Herrera
Rubén García
Manu Sánchez
Brašanac
Budimir
Nacho Vidal
Ávila
Moncayola
David García

Da gusto cuando un proyecto sale bien y luego vuelve a salir bien y, al tercer año, se repiten los objetivos. Bajo el mando de Jagoba Arrasate, el CA Osasuna ha completado un trienio de tranquilidad, la palabra más preciada entre los equipos modestos. Liderados en el campo por Jon Moncayola y Rubén García, cada jugador de la plantilla sabe exactamente lo que tiene que hacer.

El CA Osasuna ha tenido un portero sólido, de los que salvan puntos: Sergio Herrera. En la defensa, nadie se vuelve loco, y David García se anima de vez en cuando en el juego a balón parado (cuatro goles esta temporada y 13 desde que debutara en Pamplona). El medio del campo es probablemente lo mejor del equipo: hay talento a raudales, pese al mal año de Roberto Torres. Ahí están Moncayola, Torró y Brašanac poniendo el orden y la contundencia, y Rubén García, reservado para sus momentos de magia.

En cuanto a la delantera, lo mejor para no pasar apuros y asegurar cuanto antes la permanencia es encontrar delanteros que presionen arriba, que se dejen la piel por sus compañeros... y que marquen goles: Ávila, tras su lesión, se ha ajustado a ese perfil, igual que Kike García, que apenas ha notado el cambio desde el SD Eibar. Por su parte, Ante Budimir ha vuelto a demostrar todo lo que vale: seis jornadas consecutivas, entre la 29 y la 34, sin bajarse del gol.

Pocas cosas han salido mal este año en Pamplona. Kike Barja y Javi Martínez han dispuesto de minutos para seguir creciendo, Cote y Oier no han tenido problemas en prolongar un año más su regularidad, y solo los problemas físicos les han impedido a Aridane y Roberto Torres brillar ante una hinchada rojilla que daría lo que fuera porque este año fuera tan tranquilo como los tres pasados.

MÁS GOLES

8 GOLES

Ante Budimir

Le costó arrancar, pero una vez que lo hizo se mostró como un jugador diferencial. Quien tiene a Budimir tiene un tesoro. Es verdad que marca por rachas, pero, incluso cuando no acierta de cara a puerta, garantiza salidas del balón por alto, lucha constante de desgaste para los defensas rivales y solidaridad en la presión. El «Chimy» Ávila, recién salido de una lesión devastadora, colaboró con seis goles. Kike García se quedó en cinco.

MÁS ASISTENCIAS DE GOL

Rubén García

Rubén García solo ha jugado un partido completo en toda la temporada, pero eso no le ha impedido seguir siendo un jugador espectacular cuando está en racha y con un guante en la bota. Pese a los descansos que le ha dado Arrasate, sigue marcando la diferencia a balón parado y en cuanto al sentido del juego. Un auténtico maestro a la hora de encontrar el espacio imposible.

6 ASISTENCIAS

MÁS GOLES EVITADOS

Sergio Herrera

Solo cuatro porteros han pasado de las cien paradas en LaLiga y uno de ellos ha sido Sergio Herrera. Por un lado, eso indica que el CA Osasuna ha sido un equipo relativamente vulnerable en defensa, al que le han llegado mucho (149 disparos a puerta recibidos). Asimismo, con casi tres paradas por partido, se demuestra que Herrera es un portero de élite. Importantísimo para un club modesto.

101 PARADAS

MÁS PASES COMPLETADOS

David García

Tremendo año de David García como emperador de la zaga pamplonica. Con la baja de Aridane durante buena parte de la temporada, García se ha tenido que multiplicar: vigilar al delantero rival, subir a rematar los saques de esquina (cuatro goles) y organizar la salida del balón, normalmente en largo, pero también encontrando a Torró y Moncayola cuando ha sido preciso. Gran paso adelante en su carrera.

1.169
PASES COMPLETADOS

MÁS RECUPERACIONES

58
RECUPERACIONES

Nacho Vidal

Nacho Vidal no es un lateral al uso: si el partido requiere que haga suya la banda derecha, no tiene problema en intentarlo. Si las cosas van bien y hay que guardar el resultado, es un auténtico depredador del balón. Si tiene que jugar de interior, se pone de interior. Si es necesario un tercer central y colocar a Rubén de carrilero, ahí está Nacho para cumplir. Esa exuberancia física se acaba notando. Una auténtica pesadilla para el equipo rival.

EL DATO

Ocho goles anotados en los primeros 15 minutos de partido

El 21 % de los goles marcados por CA Osasuna en LaLiga se produjeron en el primer cuarto de hora. El que da primero da dos veces, y eso lo tienen claro en Pamplona. Ningún otro equipo ha marcado un mayor porcentaje de sus goles en esos primeros compases de partido.

RC CELTA

UN AÑO MÁS SIN PASAR APUROS

Año de fundación: **1923**

Temporadas en LaLiga Santander: **56**

Mejor clasificación: **4.° (dos veces)**

Máximo goleador histórico en LaLiga Santander: **Iago Aspas (133 goles en ocho temporadas con el RC Celta)**

Clasificaciones en los últimos cinco años (de 2022 a 2018): **11.°, 8.°, 17.°, 17.°, 13.°**

Once tipo: **1-4-4-2**

11.°

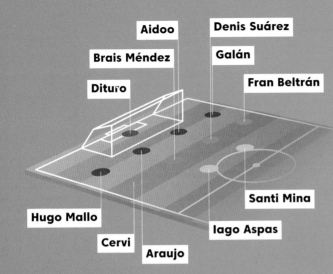

Aidoo
Denis Suárez
Brais Méndez
Galán
Dituro
Fran Beltrán
Hugo Mallo
Santi Mina
Cervi
Iago Aspas
Araujo

Si se compara con los apuros de la temporada de 2019-2020, de parte de la de 2020-2021 e incluso con el principio de la de 2021-2022, este undécimo puesto sabe a gloria a los aficionados del RC Celta. Los del argentino Eduardo Coudet conformaron un equipo de rachas: empezó LaLiga Santander con un punto en cinco partidos, empató milagrosamente un partido que estaba perdido contra el FC Barcelona (3-3), sumó trece puntos en seis partidos a mitad de temporada y acabó el año con cuatro victorias en los últimos catorce partidos.

Los de Vigo han tenido excelentes resultados ante los peores equipos de la clasificación (19 puntos en los diez partidos ante los cinco últimos), pero ha sufrido mucho ante los mejores (tres puntos de 30 posibles ante los cinco primeros). De ahí que se haya quedado estancado a mitad de tabla, pese a un Iago Aspas sensacional a sus treinta y cuatro años, de nuevo cerca de los 20 goles en una sola temporada, y un medio campo brillante con Tapia, Méndez, Suárez y Cervi.

Si el equipo encajó solo 43 goles en 38 partidos fue, entre otras cosas, porque su portero, el argentino Matías Dituro, fue de los mejores de la competición, con 2,53 paradas por encuentro y cuatro penaltis atajados. Hasta en 13 partidos encajó dos o más goles, aunque también logró mantener la portería a cero en catorce partidos, lo cual tiene un mérito indudable.

MÁS GOLES

Iago Aspas

Marcó 18 de los 43 goles del equipo, cerca de la mitad. Pese a que tuvo algún problema con las lesiones, Aspas volvió a mostrarse imparable, el mejor jugador que ha pasado por el RC Celta en muchísimo tiempo. Sus dieciocho goles le han valido la distinción como máximo goleador español, en dura competencia con Raúl de Tomás. Solo un jugador marcó más que él en LaLiga, el francés Karim Benzema.

18 GOLES

MÁS ASISTENCIAS DE GOL

6
ASISTENCIAS

Iago Aspas y Denis Suárez

De nuevo, Aspas marcando las diferencias. Un jugador total que no se obsesiona con la portería rival, sino que también sabe compartir. Junto a él, Denis Suárez se acercó a la versión que encandiló en la cantera del FC Barcelona y, luego, en el Villarreal CF, pero que tanto frío pasó más allá de las fronteras de LaLiga. Junto a Brais Méndez, fue el hombre que marcó las diferencias en el medio del campo.

MÁS GOLES EVITADOS

Matías Dituro

Qué curiosa y qué bonita la historia de Matías Dituro en el RC Celta. En su segunda temporada en el club celeste, se consolidó como uno de los mejores porteros de LaLiga. En su primera temporada, ¡diez años antes!, no llegó a debutar. Dituro fue una apuesta personal de Coudet, y salió de maravilla. Aparte de sus cuatro penaltis atajados y sus casi cien paradas, aportó tranquilidad cuando el equipo más lo necesitaba. Un líder bajo los palos a sus 35 años.

96
PARADAS

MÁS PASES COMPLETADOS

1.708
PASES COMPLETADOS

Fran Beltrán

Al RC Celta le gusta tener la pelota. Con esos jugadores en el medio del campo, tampoco se puede esperar otra cosa. Fran Beltrán fue uno de los diez jugadores que más pases completó de toda la competición, pero es que justo detrás en esa clasificación encontramos a Denis Suárez, con 1.595 sobre 1.907 intentados, por encima del 82 % de precisión. Javi Galán, Néstor Araujo, Joseph Aidoo y Brais Méndez completan la lista de seis jugadores celtiñas con más de 1.150 pases completados en la temporada, algo de lo que solo puede presumir el FC Barcelona de Xavi Hernández.

MÁS RECUPERACIONES

Javi Galán

Javi Galán probablemente sea de los secretos mejor guardados de LaLiga. Su temporada 2020-2021 en el Huesca fue sensacional, pero es que en la 2021-2022 ha estado igual o mejor en el RC Celta. Es un portento físico, capaz de llegar a línea de fondo y soltar el pase, recuperar el balón en el medio del campo o llegar a la ayuda en defensa. Su exuberancia física le permite eso y más.

45
RECUPERACIONES

EL DATO

Solo siete goles encajados en los últimos 15 minutos

Este dato incluye el tiempo de prolongación y se refiere a toda la temporada de LaLiga. Es una cifra buenísima para un equipo de mitad de tabla. Lo curioso es que también es el equipo que menos tantos ha anotado durante esa fase del partido, con seis goles.

LaLiga Santander

RAYO VALLECANO

EL MILAGRO DE ANDONI IRAOLA

Año de fundación: **1924**

Temporadas en LaLiga Santander: **19**

Mejor clasificación: **8.° (2013)**

Máximo goleador histórico en LaLiga Santander: **Alberto Bueno (28 goles en dos temporadas con el Rayo Vallecano)**

Clasificaciones en los últimos cinco años (de 2022 a 2018): **12.°, 6.° (LaLiga SmartBank), 7.° (LaLiga SmartBank), 20.°, 1.° (LaLiga SmartBank)**

Once tipo: **1-4-3-3**

12.°

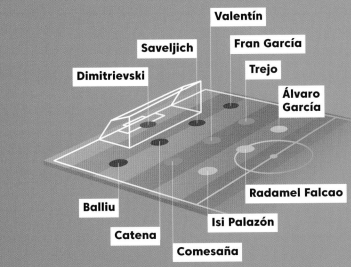

Valentín
Fran García
Trejo
Álvaro García
Saveljich
Dimitrievski
Radamel Falcao
Balliu
Isi Palazón
Catena
Comesaña

El equipo revelación de la temporada, sin lugar a dudas, es el Rayo Vallecano. Después de conseguir el ascenso a LaLiga Santander en el último partido de la promoción de LaLiga SmartBank, el Rayo Vallecano era candidato en todas las quinielas a hacer el camino de vuelta. Sucedió todo lo contrario. Gracias al enorme trabajo de Andoni Iraola y a una plantilla equilibrada y luchadora como pocas, el Rayo Vallecano se ha mantenido un año más, y sin pasar apenas apuros.

De hecho, hubo un momento en el que el Rayo Vallecano se permitió soñar con entrar en Europa. Todo iba sobre ruedas: la defensa funcionaba, Dimitrievski parecía imbatible, Trejo apuntaba al once ideal de LaLiga y, en la delantera, el tridente Isi, Álvaro, Falcao ponía las ocasiones y los goles que no hacían sino elevar al Rayo Vallecano en la clasificación para deleite de la entregada afición de Vallecas. Acabó la primera vuelta con 33 puntos en 19 partidos, ocupando la cuarta plaza por delante del Atlético de Madrid y del FC Barcelona.

Todo se complicó cuando el Rayo Vallecano llegó a estar diez partidos sin ganar. De hecho, solo sumaría nueve puntos más en toda la segunda vuelta. La racha se rompió, sorprendentemente, en el doble enfrentamiento en la Ciudad Condal ante el RCD Espanyol de Barcelona y el FC Barcelona, con sendas victorias por 0-1. Unos triunfos que acabarían siendo decisivos, ya que en los últimos cinco partidos tan solo consiguió dos puntos.

MÁS GOLES

Álvaro García

Iraola empezó el año haciendo jugar a Nteka como «falso nueve», y el fichaje de Falcao sorprendió a todos..., hasta que empezaron las lesiones, y Sergi Guardiola lo dejó todo en el campo. Pero ninguno consiguió igualar en fiabilidad a Álvaro, siempre dispuesto a llegar desde atrás y salvar los muebles. Su año ha sido portentoso, un titán en la banda izquierda capaz de echar una mano en todo lo que haga falta.

7
GOLES

MÁS ASISTENCIAS DE GOL

Óscar Trejo

Poesía pura. La primera vuelta de Óscar Trejo fue para enmarcar y colgar en casa. Más media punta que medio centro, fue el eje del ataque del Rayo Vallecano: pases filtrados a los delanteros, filigranas en el área con pase atrás para empujarla, centros medidos desde algún saque de esquina o falta cerca del área... Trejo colaboró de alguna manera en 12 de los 39 goles del Rayo Vallecano, casi uno de cada tres.

9
ASISTENCIAS

MÁS GOLES EVITADOS

91
PARADAS

Stole Dimitrievski

Al principio, parecía que Luca Zidane partía con una ligera ventaja, pero el buen hacer de Dimitrievski y algunas molestias del hispanofrancés cambiaron las tornas. Dimitrievski ha tenido un año completísimo, con actuaciones sobresalientes: 91 paradas en 30 partidos suponen tres de media por encuentro, una de las más altas de LaLiga.

MÁS PASES COMPLETADOS

1.391
PASES COMPLETADOS

Alejandro Catena

A Catena ya le conocíamos de LaLiga SmartBank, pero necesitaba darse a conocer en LaLiga Santander. Su año ha sido formidable: un baluarte del juego aéreo gracias a su enorme estatura, tanto en defensa como en ataque, cumplidor en el uno contra uno y hábil a la hora de lanzarse al suelo. No solo eso, como se vio, ya que fue el encargado de sacar el balón jugado y dárselo cuanto antes a Comesaña, Trejo, Isi y compañía. Otra auténtica revelación.

MÁS RECUPERACIONES

45
RECUPERACIONES

Fran García

Cuatro jugadores del Rayo Vallecano figuran entre los veinticinco con más balones recuperados de toda LaLiga. De esos cuatro, los dos primeros se apellidan García y juegan en la banda izquierda. De Álvaro ya hemos hablado, así que toca hacerlo de Fran. El canterano del Real Madrid ha cuajado un año sensacional, siempre incisivo, siempre dispuesto a volver a ayudar en defensa. Sus internadas han permitido a Álvaro ocupar posiciones más centradas y crear más peligro en el área. Su velocidad en la recuperación ha sido clave para que Catena y Saveljich pudieran preocuparse tan solo de los delanteros rivales.

EL DATO

862 centros al área

Solo el Cádiz CF (865 centros al área) y el CA Osasuna (864) buscaron más a sus delanteros, pero el Rayo Vallecano lo hizo con más precisión. De hecho, su porcentaje de acierto fue el más alto de toda LaLiga Santander: un 26,1 %.

ELCHE CF

UN CENTENARIO EN LALIGA SANTANDER

Año de fundación: **1923**

Temporadas en LaLiga Santander: **23**

Mejor clasificación: **5.º (1964)**

Máximo goleador histórico en LaLiga Santander: **Juan Romero (79 goles en siete temporadas en el Elche CF)**

Clasificaciones en los últimos cinco años (de 2022 a 2018): **13.º, 17.º, 6.º (LaLiga SmartBank), 11.º (LaLiga SmartBank), 3.º (Segunda B)**

Once tipo: **1-4-4-2**

13.º

Diego González
Mascarell
Edgar Badía
Gumbau
Mojica
Fidel
Lucas Boyé
Pere Milla
Palacios
Raúl Guti
Enzo Roco

El Elche CF cumplirá cien años en enero de 2023, y lo hará en LaLiga Santander, compitiendo con los mejores equipos de España. Difícil aventurar algo así cuando hace solo cinco años aún estaba en la tercera categoría del fútbol español. Desde entonces, estos últimos dos años han sido una exhibición de fuerza, coraje, trabajo colectivo y mentalidad de hierro. El técnico Francisco (Francisco Javier Rodríguez Vílchez) ha conseguido hacer funcionar a un equipo que solo se apuntó dos victorias en los primeros quince partidos a base de sacar lo mejor de cada jugador y de darle vueltas al once titular para involucrar a todos en el proyecto.

Así, hemos visto una nueva versión superlativa de Edgar Badía, un portero con unos reflejos sobrehumanos; Mojica ha deslumbrado en el lateral izquierdo; Mascarell y Gumbau han puesto el orden cuando este era preciso; y Fidel Chaves, pese a sus numerosas suplencias, ha vuelto a ejercer de capitán y líder, poniendo ese punto de calidad que le diferencia del resto de sus compañeros.

Esto no habría servido de nada sin el paso adelante de sus dos delanteros: el reconvertido Pere Milla, que pasó de mediocampista con llegada a acompañante del ariete... y, sobre todo, Lucas Boyé. Boyé ha tenido problemas de lesiones que le han impedido una continuidad propiamente dicha (se perdió 14 de los 38 partidos), pero lo que hemos visto de él este año pinta estupendo. Alto y fuerte, es capaz de rematar cualquier centro e inventarse segundas jugadas, y también se muestra hábil con el balón en los pies. Sus goles han sido decisivos en este proyecto coral.

MÁS GOLES

Pere Milla

Pere Milla empezó el año como un mediocampista con llegada para el gol. Excelente rematador, Milla era el hombre que se aprovechaba de todos los rechaces en el área para convertirlos en goles salvíficos. Con el tiempo, Francisco empezó a ver que su lugar estaba aún más arriba, aprovechándose de todos los espacios que creaban los enormes Boyé o Carrillo. La marcha de Lucas Pérez le ayudó a mantener un puesto de titular que solo perdió en las últimas jornadas, cuando la permanencia estaba casi asegurada.

8
GOLES

MÁS ASISTENCIAS DE GOL

Fidel Chaves

Chaves es el capitán, el líder, el hombre llamado a marcar diferencias desde la banda izquierda, desde la media punta y a balón parado. Paradójicamente, Fidel solo ha jugado un partido completo en toda la temporada y ha pisado el banquillo más de lo habitual, pero, aun así, en vez de pensar en sí mismo o tirar de ego, hizo honor a su brazalete para ayudar a los compañeros y hacer piña, regalando hasta seis goles a sus delanteros.

6 ASISTENCIAS

MÁS GOLES EVITADOS

Edgar Badía

El portero del anterior técnico Fran Escribá era Kiko Casilla, y por eso Badía tuvo que esperar su oportunidad desde el banquillo hasta la jornada 13. Francisco le dio la confianza necesaria a uno de esos porteros hiperactivos que parece que no pueden dejar de intervenir en el juego. En los 24 partidos que jugó, acumuló 79 paradas, una media de 3,29 por partido, solo por detrás de Luís Maximiano, el portero del Granada CF.

79 PARADAS

MÁS PASES COMPLETADOS

Johan Mojica

Al Elche CF le gustan los partidos eléctricos, en los que pasan cosas arriba y abajo, manejando el tiempo con faltas tácticas si es preciso. Entre todos los jugadores eléctricos que tiene Francisco en su plantilla, ninguno como el colombiano y español Mojica, un auténtico correcaminos de la banda que no se cansa de combinar con sus compañeros y de centrar al área. Tras su estancia en el Girona FC, el impacto de Mojica en el Elche CF ha sido formidable.

1.070
PASES COMPLETADOS

MÁS RECUPERACIONES

Omar Mascarell

Mascarell ha unido fuerzas defensivas con Gumbau y Raúl Guti, y entre ellos tres han sabido cerrar el acceso a la portería ilicitana con un despliegue de energía, anticipación y destreza. Esa muralla en el medio del campo ha ayudado muchísimo a que el Elche CF consiguiera salvar un año más en LaLiga Santander.

48
RECUPERACIONES

EL DATO

522 remates recibidos, y 180 a puerta

Con tales datos, resulta comprensible que Edgar Badía y Kiko Casilla hayan tenido que parar tantísimo para mantener a su equipo a flote. Solo al Granada CF le han tirado más (566, de los cuales 201 entre los tres palos), y la cosa no acabó precisamente bien para el equipó nazarí.

RCD ESPANYOL DE BARCELONA

SIN SUSTOS PARA EL RECIÉN ASCENDIDO

Año de fundación: **1900**

Temporadas en LaLiga Santander: **86**

Mejor clasificación: **3.°** (**cuatro veces**)

Máximo goleador histórico en LaLiga Santander: **Raúl Tamudo (130 goles en 14 temporadas con el RCD Espanyol de Barcelona)**

Clasificaciones en los últimos cinco años (de 2022 a 2018): **14.°, 1.° (LaLiga SmartBank), 20.°, 7.°, 13.°**

Once tipo: **1-4-3-3**

14.°

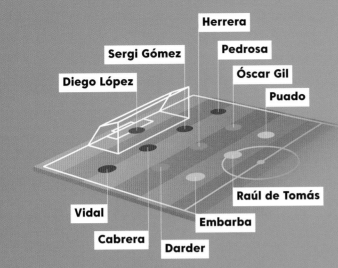

Herrera
Pedrosa
Sergi Gómez
Óscar Gil
Diego López
Puado

Raúl de Tomás

Vidal
Embarba
Cabrera
Darder

Pese a su condición de recién ascendido, el RCD Espanyol de Barcelona no pasó apuro ninguno a la hora de mantener la categoría, algo que nunca hay que dar por hecho. Su columna vertebral, que ya venía de LaLiga SmartBank, fue más que suficiente para garantizarse un año más en la primera categoría del fútbol español: un portero veterano pero eficaz (Diego López), un mediocampista superlativo (Sergi Darder), un mago a balón parado (Adri Embarba) y un delantero goleador de los que marcan diferencias (Raúl de Tomás).

Es cierto que tuvo problemas fuera de casa: solo una victoria, contra el Valencia CF, y un total de nueve puntos de cincuenta y siete posibles, pero su rendimiento en el RCDE Stadium, frente a sus fieles periquitos fue magnífico, con 33 puntos y solo 19 goles encajados en los 19 partidos disputados allí. De hecho, el equipo llegó a ocupar el noveno puesto durante la primera vuelta, aunque dos rachas de siete partidos consecutivos sin ganar le hicieron caer de la zona alta.

Todo ello sin bajar nunca del decimosexto puesto, es decir, viendo el descenso desde la distancia, que era el principal objetivo. La juventud de los futbolistas Rubén Sánchez, Puado o Melamed promete grandes emociones de cara al futuro. Los tres tuvieron muchas oportunidades y supieron aprovecharlas.

MÁS GOLES

Raúl de Tomás

Tercer máximo goleador de LaLiga 2021-2022. Ahí queda eso. Solo Iago Aspas y Karim Benzema superaron al delantero del RCD Espanyol de Barcelona. Como siempre, se mostró activo en la presión e hiperactivo buscando el gol. Un año más, se mostró imprescindible. Prueba de ello es que el siguiente goleador del equipo fue Javi Puado, con cuatro tantos.

17
GOLES

MÁS ASISTENCIAS DE GOL

9
ASISTENCIAS

Sergi Darder

No hay palabras para definir la temporada de Sergi Darder. Sin él, no hay que descartar que el equipo hubiera entrado en barrena como en 2020 y se hubiera consumado la tragedia. Darder da sentido a todas las jugadas ofensivas del equipo, pero es que además tiene tiempo para marcar goles (tres), asistir a sus delanteros, dirigir el balón parado y recuperar en defensa cuando es preciso.

MÁS GOLES EVITADOS

Diego López

A sus cuarenta años, Diego López sigue sin perder un ápice de su colocación, su flexibilidad y sus reflejos. Le han tirado a puerta desde todos lados y ha completado algunas actuaciones sobresalientes, salvando muchos puntos para su equipo. Solo Ledesma y Luís Maximiano han parado más que él (53 goles encajados, pese a todo).

115
PARADAS

MÁS PASES COMPLETADOS

1.409
PASES COMPLETADOS

Sergi Darder

Un buen ejemplo de la hiperactividad de Darder es el hecho de que haya sido el organizador y el facilitador a la vez. Es muy complicado iniciar la jugada combinando con tus defensas (Cabrera es segundo en este apartado) y tus compañeros del centro del campo... y tener energía para filtrar el pase decisivo o asomarse al área para probar el disparo. Tremendo despliegue de energía y calidad el de Darder esta temporada.

MÁS RECUPERACIONES

Leandro Cabrera

La pareja de centrales del RCD Espanyol de Barcelona demostró una loable capacidad para aguantar el vendaval que le venía encima partido sí y partido también. Tanto Cabrera como Sergi Gómez aparecen entre los que más balones han recuperado de toda LaLiga, y no es casualidad. Con un lateral derecho reconvertido y un lateral izquierdo tan ofensivo como Pedrosa, estos dos chicos han tenido que resistir al acoso en condiciones muy precarias.

44
RECUPERACIONES

EL DATO

440 faltas cometidas

Solo el Real Madrid cometió menos a lo largo de la temporada.

LaLiga Santander

GETAFE CF

LA REMONTADA IMPOSIBLE DE QUIQUE SÁNCHEZ FLORES

Año de fundación: **1983**

Temporadas en LaLiga Santander: **17**

Mejor clasificación: **5.° (2019)**

Máximo goleador histórico en LaLiga Santander: **Manu del Moral (37 goles en cinco temporadas con el Getafe CF)**

Clasificaciones en los últimos cinco años (de 2022 a 2018): **15.°, 15.°, 8.°, 5.°, 8.°**

Once tipo: **1-5-3-2**

15.°

Mitrović   Arambarri
Cuenca   Olivera
David Soria   Aleñá
Sandro
Damián   Enes Ünal
Djené
Maksimović

Si algo tenía claro todo el mundo nada más terminar la jornada 11 era que el Getafe CF iba a bajar a LaLiga Smart-Bank... y que lo iba a hacer mucho antes del final de temporada. Después de perder los primeros siete partidos —lo que le costó el puesto al técnico Míchel—, la llegada de Quique Sánchez Flores sirvió para sumar tres de los doce siguientes puntos posibles y cambiar la actitud del equipo.

Quique trajo consigo una mentalidad claramente defensiva, más parecida a la de José Bordalás, a quien tanto echa de menos la grada del Coliseum Alfonso Pérez. Con ese trabajo atrás, con la inclusión de un tercer central y la profundidad de dos carrileros como Damián y Olivera, más la presencia de dos mediocampistas obsesionados con recuperar balones al contrario (Maksimović y Arambarri), solo faltaba una cosa para salir del pozo: que los delanteros hicieran su trabajo. Y vaya si lo hicieron...

En las siguientes ocho jornadas, hasta el final de la primera vuelta, el Getafe CF sumó quince puntos y salió de la zona de descenso. No volvió a entrar. Nada de esto se explica sin la resurrección de Enes Ünal, un delantero de enorme calidad. Ünal marcó su primer gol en la jornada 11. Diez partidos después, llevaba siete. Veinte partidos después, eran catorce, y acabó la temporada de LaLiga Santander con dieciséis.

MÁS GOLES

Enes Ünal

Lo dicho: uno de los grandes jugadores de la temporada 2021-2022. No solo marcó 16 de los 33 goles del Getafe CF, sino que hizo el gol de la victoria y el del empate en cinco partidos, lo que le dio a su club ocho puntos. Hay que recordar que salvó la categoría por tan solo uno. Tampoco se puede olvidar la labor de Sandro Ramírez (tres goles), cuando más apretaba el sol al principio de la temporada, ni tampoco, y sobre todo, la de Borja Mayoral (seis goles) en los dieciocho partidos que jugó después de su llegada a mitad de curso.

16
GOLES

MÁS ASISTENCIAS DE GOL

5
ASISTENCIAS

Mauro Arambarri

Jugador infatigable tanto cuando su equipo tiene el balón como cuando lo pierde, Mauro Arambarri llegó a los cinco pases de gol, producto sobre todo de su dominio del balón parado y de las incursiones ofensivas que de vez en cuando le permitía Quique (menos que con Bordalás). Los laterales Damián y Olivera le siguieron con tres cada uno.

MÁS GOLES EVITADOS

94
PARADAS

David Soria

Después de su paso intermitente por el Sevilla FC, Soria necesitaba una temporada como esta para consagrarse en LaLiga. Se quedó a un paso de las cien paradas, incluso en un equipo al que era muy difícil llegarle. Si quitamos las once primeras jornadas, el Getafe CF recibió solo 24 goles en las 27 siguientes, menos de uno por partido. Buena parte de ese mérito reside en la concentración y los reflejos de David Soria.

MÁS PASES COMPLETADOS

Djené Dakonam

El objetivo del equipo no era tanto no perder el balón sino perderlo lo más lejos posible y recuperarlo de inmediato. El Getafe CF es un equipo de segundas jugadas y contraataques fugaces. Ahora bien, si había que salir con el balón jugado, mejor dárselo a Djené. Él ya se apañaba para hacérselo llegar a los de arriba.

1.023
PASES COMPLETADOS

MÁS RECUPERACIONES

Nemanja Maksimović

Maksimović no solo ha sido el jugador que más balones ha recuperado en toda LaLiga, con doce de diferencia sobre el segundo, sino que el segundo ha sido... Dakonam Djené, también del Getafe CF. Para completar la fiesta, Mathías Olivera fue quinto, con 55. Obviamente, esto no es casualidad. El Getafe CF ha hecho de la presión y la agresividad sus señas de identidad. Muchas faltas, sí, mucho riesgo de tarjeta, pero también mucha recuperación y mucho contraataque. Así consiguió el milagro de salvar la categoría.

71
RECUPERACIONES

EL DATO

EL DATO

14 porterías mantenidas a cero en los últimos 30 partidos

David Soria se fue imbatido en casi la mitad de los partidos que disputó desde la llegada de Quique Sánchez Flores. Solo Courtois, Bono y Remiro pueden presumir de algo parecido.

RCD MALLORCA

AQUEL GOL SALVADOR DE ABDÓN PRATS

Año de fundación: **1916**

Temporadas en LaLiga Santander: **29**

Mejor clasificación: **3.° (dos veces)**

Máximo goleador histórico en LaLiga Santander: **Samuel Eto'o (54 goles en cinco temporadas con el RCD Mallorca)**

Clasificaciones en los últimos cinco años (de 2022 a 2018): **16.°, 2.° (LaLiga SmartBank), 19.°, 5.° (LaLiga SmartBank), 1.° (Segunda B)**

Once tipo: **1-4-4-2**

16°

Raíllo
Salva Sevilla
Dani Rodríguez
Oliván
Reina
Take Kubo
Ángel
Maffeo
Muriqi
Baba
Valjent

Todo lo que recordarán de esta temporada aquellos que estuvieron presentes en el estadio de Son Moix en el penúltimo partido de LaLiga Santander 2021-2022 será el gol de Abdón Prats en el minuto 92 contra el Rayo Vallecano. Ese gol era el que sacaba al RCD Mallorca del descenso y le hacía depender de sí mismo en la última jornada. Sin ese gol, lo más probable es que ahora mismo el RCD Mallorca formara parte de LaLiga SmartBank.

El RCD Mallorca empezó la temporada razonablemente bien, pese a la lesión de Kubo, llamado a liderar el proyecto. Así, hasta que llegó la jornada 25, que el RCD Mallorca empezó con un colchón de seis puntos sobre el descenso. Un gol de Willian José en el minuto 83 del partido contra el Real Betis dio inicio a una pésima racha de siete partidos sin siquiera puntuar. Siete derrotas que se llevaron por delante al técnico Luis García y colocaron al mítico Javier Aguirre como entrenador. Con Aguirre cambiaron cosas: Salva Sevilla empezó a disputar más minutos, Kubo y Lee prácticamente desaparecieron de las alineaciones, un desahuciado Manolo Reina volvió a la portería para los tres partidos clave, y el juego se redujo eficazmente a la defensa y los balones al altísimo Muriqi, otra de las revelaciones de LaLiga durante la temporada 2021-2022.

Con paciencia, la cosa funcionó. El RCD Mallorca le ganó en casa al Atlético de Madrid, luego al D. Alavés y, en la penúltima jornada, al Rayo Vallecano. En medio quedó un tremendo agujero contra el Granada CF, una derrota (2-6) que hizo temblar el proyecto. Aun así, el RCD Mallorca esperó la oportunidad que le daba un calendario relativamente apacible, y la oportunidad llegó. En el minuto 92, pero llegó.

MÁS GOLES

5 GOLES

Vedat Muriqi y Salva Sevilla

El kosovar Muriqi llegó a RCD Mallorca como solución de urgencia en la jornada 23 y demostró que era una apuesta con garantías. Gracias a su altura, Muriqi se convirtió en un generador continuo de oportunidades. Junto a él, Salva Sevilla demostró que las canas no han mermado su visión de juego ni su calidad en el juego ofensivo. Entre los dos marcaron diez goles, nueve de ellos en la segunda vuelta, que acabaron siendo tan decisivos como el postrero de Abdón Prats.

MÁS ASISTENCIAS DE GOL

Jaume Costa

La lucha de Costa con Brian Oliván por el puesto de lateral izquierdo fue una constante durante toda la temporada, con la ventaja de que Costa podía jugar también de central, lo que le daba más oportunidades. En cualquier caso, esas asistencias de gol vienen de sus centros medidos desde la banda. No es casualidad que el segundo mejor asistente del RCD Mallorca haya sido el otro lateral, Pablo Maffeo. Con Muriqi en el área, lo mejor es hacerle llegar el balón desde los lados cuanto antes. Él ya sabrá qué hacer.

4
ASISTENCIAS

MÁS GOLES EVITADOS

Manolo Reina

La inesperada aparición de Reina para disputar los últimos dos partidos tras el 2-6 recibido contra el Granada CF fue una auténtica sorpresa, aunque merecida: con 52 paradas en 21 partidos (por 26 goles recibidos) tuvo los mejores números de la plantilla. Sergio Rico, por ejemplo, recibió 29 goles en 14 partidos, más de dos por encuentro. Hermosa reivindicación de un veterano siempre en el ojo del huracán.

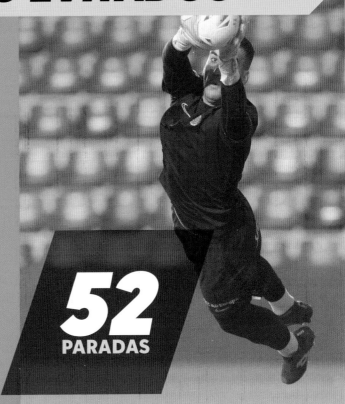

52
PARADAS

Martin Valjent

Es una dinámica habitual que, en los equipos con poca posesión y tendencia al contraataque o al balón bombeado, los pases los den los defensas. Primero, porque se busca no arriesgar. Segundo, porque son los que más fácilmente pueden quitarse el balón de encima con cierto sentido. Tercero, al menos en este caso, porque Martin Valjent tiene la calidad suficiente como para sacar la pelota desde atrás y evitar presiones rivales. El siguiente en la lista, Salva Sevilla, se quedó en 797 pases completados, aunque en su caso hay que valorar que solo jugó un partido completo.

1.107
PASES COMPLETADOS

MÁS RECUPERACIONES

Pablo Maffeo

Un toro. Así podría definirse a Pablo Maffeo: un toro desbocado que corre la banda derecha de arriba abajo y de abajo arriba. A veces en defensa de cuatro, a veces en defensa de cinco. Da igual. Sentarse a ver un partido del RCD Mallorca es sentarse a escuchar el nombre de Maffeo cada veinte segundos: un regate, un pase, una recuperación, una falta..., a menudo, una tarjeta; aunque recibió 59 faltas por 32 cometidas. Maffeo lo mismo te llega al área contraria y te roza el gol que se lanza ante el disparo del delantero rival veinte segundos después y logra desviarlo. Un lujo para los baleares.

46
RECUPERACIONES

EL DATO

18 goles a balón parado

Los mismos goles a balón parado que el Valencia CF, el Sevilla FC o el Villarreal CF, y uno menos que el Real Madrid. Con la salvedad de que el RCD Mallorca marcó 36 en toda LaLiga Santander, es decir, la mitad vinieron de jugadas de estrategia.

LaLiga Santander

CÁDIZ CF

LA SALVACIÓN CON LA QUE NADIE CONTABA

Año de fundación: **1910**

Temporadas en LaLiga Santander: **14**

Mejor clasificación: **12.º (dos veces)**

Máximo goleador histórico en LaLiga Santander: **Jorge «Mágico» González (41 goles en seis temporadas con el Cádiz CF)**

Clasificaciones en los últimos cinco años (de 2022 a 2018): **17.º, 12.º, 2.º (LaLiga SmartBank), 7.º (LaLiga SmartBank), 8.º (LaLiga SmartBank)**

Once tipo: **1-4-4-2**

17.º

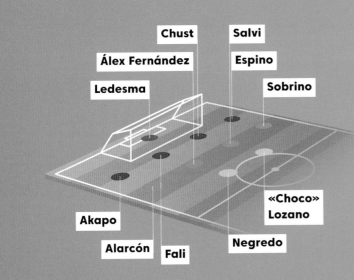

Chust
Salvi
Álex Fernández
Espino
Ledesma
Sobrino
«Choco» Lozano
Akapo
Alarcón
Fali
Negredo

De las 38 jornadas, el Cádiz CF ocupó uno de los tres puestos de descenso en dieciocho. Cuando el árbitro pitó el final del partido contra el Real Madrid en el Carranza, un 1-1 con un soberbio Lunin en la portería blanca y un penalti fallado por Negredo, todo el mundo se hizo a la idea de que la temporada siguiente estarían viendo a su equipo en LaLiga SmartBank. Necesitaban un milagro: ganar en Vitoria y que pincharan el RCD Mallorca en Pamplona o el Granada CF, en casa, contra un RCD Espanyol de Barcelona que no se jugaba nada en absoluto.

Solo que, de vez en cuando, en La-Liga, los milagros suceden. El Cádiz CF ganó 0-1 con gol del «Choco» Lozano, y el Granada CF no pasó del empate a cero. La celebración fue apoteósica para un equipo que no bajó jamás los brazos. Después de cinco temporadas con Álvaro Cervera en el banquillo técnico, una racha de malos resultados trajo a Cádiz a Sergio González, cuya anterior experiencia en LaLiga Santander había acabado en descenso del Valladolid.

Después de mucho arriba y abajo, las paradas del espectacular Ledesma, las carreras del formidable «Pacha» Espino y los goles del renacido Álvaro Negredo, fueron suficientes para que el Cádiz CF encadenara tres años seguidos en LaLiga Santander. Esto no sucedía desde el inolvidable periodo 1985-1993 con Manuel de Irigoyen como presidente en el palco, el entrenador Víctor Espárrago en el banquillo y el «Mágico» González en la cancha.

MÁS GOLES

7
GOLES

Álvaro Negredo y «Choco» Lozano

Lozano fue el autor del gol decisivo ante el D. Alavés, y Negredo pudo sentenciar la permanencia con el penalti que erró ante el Real Madrid en el Carranza. En cualquier caso, el año de los dos fue excelso, ayudados en el tramo final de temporada por el fichaje inesperado de Lucas Pérez (tres goles), que pasó del D. Alavés al Elche CF y del Elche CF al Cádiz CF en una misma temporada. Sergio González supo rotar a sus tres delanteros (cuatro, si contamos con Sobrino) para manejar el cansancio, y le salió a la perfección.

LaLiga Santander

MÁS ASISTENCIAS DE GOL

Lucas Pérez, Iza (Isaac Carcelén), Alfonso Espino, Fali, Álvaro Negredo, «Choco» Lozano y Álex Fernández

Hasta siete jugadores del Cádiz CF se repartieron los pases de gol, una muestra del compromiso de todo el equipo en sacar adelante el barco.

2
ASISTENCIAS

MÁS GOLES EVITADOS

Jeremías Ledesma

Ledesma es sinónimo de espectáculo. El portero argentino encajó 51 goles en los 38 partidos que jugó, y aún tuvo tiempo de detener 120 disparos, solo por detrás de Luís Maximiano. Es un auténtico pulpo bajo los palos, y su actuación fue decisiva para que el Cádiz CF salvara la categoría un año más.

120
PARADAS

MÁS PASES COMPLETADOS

Alfonso Espino

De Ledesma a Espino, y a jugar. Esa era la base del sistema táctico de Álvaro Cervera, y lo fue del de Sergio González. Por eso, quizá, son los dos jugadores con más pases intentados del equipo. En esta anomalía tiene mucho que ver el poco uso del medio del campo y los cambios constantes de jugadores en esas posiciones. El jugador con más calidad del equipo, Álex Fernández, solo jugó catorce partidos completos, y salió dieciséis veces desde el banquillo. De lo contrario, le veríamos más arriba, seguro.

821
PASES COMPLETADOS

MÁS RECUPERACIONES

Alfonso Espino

Los dos laterales del Cádiz CF, Espino y Akapo, acabaron entre los diez primeros de LaLiga Santander en este apartado estadístico, con más de 50 recuperaciones cada uno. En concreto, la temporada del uruguayo Espino fue espectacular. Es uno de esos tipos que siempre quieres en tu equipo porque sabes que se va a entregar al cien por cien. Capaz de contestar todos los balones divididos sin renunciar al ataque e incluso al disparo, hay momentos en los que Espino parece omnipresente. Una gozada para el aficionado gaditano.

54
RECUPERACIONES

EL DATO

25 goles encajados a balón parado

Encajó a balón parado siete tantos más que el siguiente en la lista, el Atlético de Madrid. El Cádiz CF se mostró muy vulnerable desde el saque de esquina (diez goles recibidos) y sobre todo desde el punto de penalti. Hasta once goles recibió desde los once metros..., y eso que Ledesma paró dos: uno al RC Celta y otro al Athletic Club.

GRANADA CF

EL DESCENSO MÁS CRUEL

Año de fundación: **1931**

Temporadas en LaLiga Santander: **26**

Mejor clasificación: **6.° (tres veces)**

Máximo goleador histórico en LaLiga Santander: **Youseff El-Arabi (44 goles en cuatro temporadas con el Granada CF)**

Clasificaciones en los últimos cinco años (de 2022 a 2018): **18.°, 9.°, 6.°, 2.° (LaLiga SmartBank), 10.° (LaLiga SmartBank)**

Once tipo: **1-4-3-3**

18.°

Gonalons
Puertas
Germán
Neva
Maximiano
Jorge Molina
Luis Javier Suárez
Quini
Collado
Domingos Duarte
Milla

Al contrario que el Cádiz CF, el Granada CF solo acabó cinco jornadas de las treinta y ocho de LaLiga en puestos de descenso, pero entre esas cinco estuvo la que contaba, es decir, la última. Después de un triunfo arrollador en Mallorca (2-6) y la sensación de que con Aitor Karanka —el tercer entrenador de la temporada— las piezas empezaban a encajar en su sitio, el equipo rojiblanco se vino abajo inexplicablemente en las últimas dos jornadas, con una derrota en el Villamarín (2-0) y un dolorosísimo empate en casa contra el RCD Espanyol de Barcelona (0-0).

Con uno de los mejores porteros de LaLiga Santander, un mediocampista sublime como Luis Milla, un media punta del talento de Darwin Machís y la experiencia de un hombre como Jorge Molina en el área, el Granada CF tuvo mucha mala suerte en su último partido, y las lesiones constantes de Rubén Rochina y Ángel Montoro tampoco ayudaron al respecto. Empezó LaLiga sumando tres puntos en siete partidos; sumó ocho en los siguientes cuatro, y otros ocho en los cuatro que daban fin a la primera vuelta. Cuando más lejos parecía el descenso, perdió cinco partidos consecutivos y se pasó ocho sin ganar, lo que llevó al club a contratar a Aitor Karanka. Con el nuevo entrenador, el Granada CF empató con el Atlético de Madrid en el Wanda Metropolitano y le metió seis al RCD Mallorca.

La montaña rusa acabó de la manera más cruel posible. Partido en casa contra un RCD Espanyol de Barcelona que no se jugaba nada y que venía con un entrenador nuevo. Necesitaba ganar o que no ganasen el RCD Mallorca y el Cádiz CF. Todo el mundo daba por hecho lo primero, especialmente cuando el árbitro pitó penalti a favor de los locales en el minuto 72. Jorge Molina lo tiró..., y lo falló. A los cuatro minutos, marcaba Lozano para el Cádiz CF.

MÁS GOLES

10
GOLES

Jorge Molina

Parte de la crueldad de la que venimos hablando tiene que ver con el hecho de que el penalti decisivo lo fallara el mejor delantero de la plantilla. Un hombre de cuarenta años cuyos goles habían salvado tantísimos puntos para el Granada CF. La temporada de Molina fue ejemplar, tanto cuando le tocó jugar de titular como cuando le tocó el papel de revulsivo. Diez goles en diecinueve titularidades es de un mérito enorme.

MÁS ASISTENCIAS DE GOL

Jorge Molina

Jorge Molina jugó 1.959 minutos en LaLiga 2021-2022. Eso quiere decir que hizo un gol o dio una asistencia de gol cada 130 minutos. Su conexión con Luis Javier Suárez y con Antonio Puertas fue excelente. Se encargó de cubrir las ausencias por lesión de Carlos Bacca, llamado a ser el referente del nuevo proyecto. Imposible pedirle más, nos pongamos como nos pongamos.

5 ASISTENCIAS

MÁS GOLES EVITADOS

Luís Maximiano

Lo curioso con Luís Maximiano es que ni siquiera llegó al Granada CF para ser titular. Durante los tres primeros partidos, Robert Moreno prefirió apostar por Aarón Escandell, hasta que unas molestias, unidas a los malos resultados del equipo, colocaron al portugués entre los tres palos. Desde el primer momento se vio que ese chico tenía «ángel». Paró penaltis, salvó goles cantados y acabó LaLiga como el portero con más paradas del campeonato, casi cuatro por partido.

127 PARADAS

MÁS PASES COMPLETADOS

Luis Milla

Digno hijo de su padre (del mismo nombre), Milla se consagró en LaLiga Santander con el técnico Diego Martínez después de varios años sorprendiendo a propios y extraños en el Tenerife. Al chico le cabe todo el partido en la cabeza. Organiza al equipo en defensa, en ataque, es capaz de descolgarse para disparar desde fuera del área, dirige con maestría el juego a balón parado.

1.106
PASES COMPLETADOS

EL MURO

Quini

Suplente del francés Foulquier durante los últimos años, Quini ha sabido aprovechar su oportunidad como titular por delante de Santiago Arias, llegado del Atlético de Madrid. Pese a no ser un lateral demasiado ofensivo, se convirtió en una pieza clave de la defensa del Granada CF: lideró al equipo en recuperaciones, aunque lo hizo también en tarjetas amarillas (11), demostrando que no es de los que se achican con facilidad.

36
RECUPERACIONES

LaLiga Santander

EL DATO

12 goles desde fuera del área

El Granada CF materializó una docena de goles desde fuera del área grande la pasada temporada. Ningún equipo de LaLiga Santander pasó de los diez, justo la cifra que alcanzó el Real Betis.

LEVANTE UD

UNA LECCIÓN DE CÓMO NO RENDIRSE NUNCA

Año de fundación: **1909**

Temporadas en LaLiga Santander: **16**

Mejor clasificación: **6.° (2012)**

Máximo goleador histórico en LaLiga Santander: **José Luis Morales (63 goles en siete temporadas con el Levante UD)**

Clasificaciones en los últimos cinco años (de 2022 a 2018): **19.°, 14.°, 12.°, 15.°, 15.°**

Once tipo: **1-4-3-3**

19°

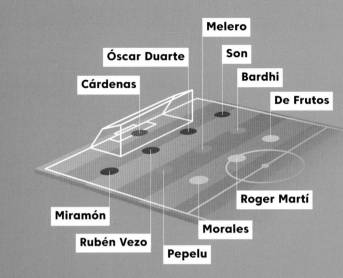

Melero
Son
Bardhi
De Frutos
Óscar Duarte
Cárdenas
Roger Martí
Miramón
Morales
Rubén Vezo
Pepelu

Cuatro puntos tras ocho jornadas y siete puntos después de quince. El Levante UD acabó la primera vuelta sin una sola victoria en su haber y con tres entrenadores en el cargo. Sorprendentemente, no se rindió. Si en la primera vuelta había conseguido ocho puntos, en la segunda lograría 27 en una exhibición de pundonor y lucha hasta el último momento.

En ello tuvo mucho que ver, por supuesto, el papel combativo del «Comandante» José Luis Morales. Especialmente tras la importantísima lesión de Jorge de Frutos, se echó toda la responsabilidad a sus espaldas y consiguió ocho goles, además de dar un buen puñado de asistencias de gol (siete). Tanto como delantero como cayendo a la banda, Morales fue clave en la recuperación de su equipo, como lo fueron los goles de Roger Martí, la mejoría de Enis Bardhi y las llegadas desde atrás de Gonzalo Melero.

Con todo, la tarea era imposible. O casi. El sueño se acabó en el Bernabéu, frente al Real Madrid. El Levante UD recibió 36 goles en los primeros diecinueve partidos, y 40 en la segunda vuelta. En la defensa de su portería se fue buena parte de un sueño que se llegó a rozar con los dedos de las manos.

LEVANTE UD
LOS DESTACADOS

MÁS GOLES

José Luis Morales

Máximo goleador histórico del Levante UD en LaLiga Santander, Morales fue la referencia absoluta del ataque granota un año más. No se puede poner ningún *pero* a su juego ni tampoco a su entrega ni a su compromiso. Sus imágenes deambulando por el campo y llorando el día del descenso son el reflejo de un dolor que solo puede sentir quien lleva toda su vida en un club y ve, con 34 años, cómo el sueño de una afición se viene abajo.

13
GOLES

MÁS ASISTENCIAS DE GOL

Jorge de Frutos y José Luis Morales

La lesión de Jorge de Frutos fue clave en el descenso del Levante UD. El canterano del Real Madrid venía mejorando incluso sus prestaciones del año anterior: establecido en el 11 inicial, se convirtió en una pesadilla para los rivales desde la banda derecha o aprovechando el contraataque. Cuatro goles y siete asistencias de gol en veinte partidos dan para pensar que tiene ante sí un futuro espléndido.

7 ASISTENCIAS

MÁS GOLES EVITADOS

Daniel Cárdenas

El Levante UD encajó 76 goles a lo largo de la temporada, y seguro que alguno pudo ser responsabilidad de sus porteros. Pero lo irónico de la situación es que tanto Cárdenas como Aitor Fernández están entre los que más han parado de LaLiga. Cárdenas tiene una media de 3,08 paradas por partido, y Aitor se va directamente a las cuatro en los trece partidos que jugó. No pudieron hacer nada para evitar el descenso.

74 PARADAS

MÁS PASES COMPLETADOS

Rubén Vezo

En su cuarto año en el Levante UD, el central portugués fue el que más confianza tuvo por parte de sus distintos entrenadores, lo que sirve en parte para librarse un poco de la quema defensiva del equipo. Vezo es un hombre contundente, pero con gusto también a la hora de sacar el balón jugado. Con un equipo volcado al contraataque, tampoco es que llovieran las oportunidades, pero ha sido el único en toda la plantilla en completar más de mil pases.

1.043
PASES COMPLETADOS

MÁS RECUPERACIONES

38
RECUPERACIONES

Pepelu

Pepelu se ganó la titularidad frente a Radoja, Campaña, Malsa y compañía por su facilidad para meter la pierna y robar el balón. Sus 38 recuperaciones en 23 partidos arrojan una media digna de mención —más de 1,5 por partido—, y más aún en un equipo que concedió tantas oportunidades.

EL DATO

Ocho goles marcados de penalti

El Levante UD transformó en goles ocho penaltis, los mismos que el Real Madrid y el Valencia CF, y solo uno menos que la Real Sociedad.

D. ALAVÉS

EL FIN DE UN MERITORIO SUEÑO

Año de fundación: **1921**

Temporadas en LaLiga Santander: **17**

Mejor clasificación: **6.° (2000)**

Máximo goleador histórico en LaLiga Santander: **Joselu (36 goles en tres temporadas con el D. Alavés)**

Clasificaciones en los últimos cinco años (de 2022 a 2018): **20.°, 16.°, 16.°, 11.°, 14.°**

Once tipo: **1-4-2-3-1**

20.°

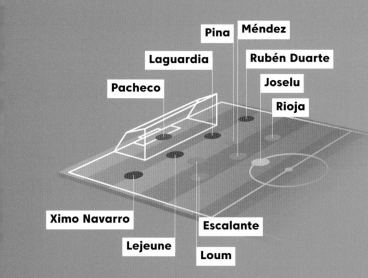

Pina
Méndez
Laguardia
Rubén Duarte
Pacheco
Joselu
Rioja
Ximo Navarro
Escalante
Lejeune
Loum

Seis años consecutivos en LaLiga Santander tocan a su fin para el D. Alavés. La mejor racha de toda su historia. Es un dato que debe provocar orgullo y alegría entre sus aficionados para mitigar la lógica tristeza. Más allá de Joselu Mato y su hiperactividad goleadora, se pueden destacar algunos destellos de Luis Rioja, la capacidad de Gonzalo Escalante para crear peligro llegando desde el medio campo y la habitual contundencia defensiva de Rubén Duarte. Aparte, por supuesto, del excelente Fernando Pacheco, un portero que ha marcado época en Vitoria.

El D. Alavés marcó solo dos goles en sus primeros ocho partidos, en los que cosechó siete derrotas. Tras una racha esperanzadora (once puntos en cinco partidos para salir momentáneamente del descenso), el equipo se vino abajo al final de la primera vuelta, y ni la llegada como técnico de José Luis Mendilibar ni, posteriormente, la de Julio Velázquez sirvieron para cambiar el rumbo de la nave. Llegado cierto momento, los de Vitoria encadenaron nueve partidos sin ganar.

Tres victorias seguidas en casa sirvieron para esperanzar a los aficionados, pero el rendimiento del equipo fuera de casa acabó con todo: seis puntos de 57 posibles, incluyendo, curiosamente, uno en el Camp Nou y otro en el Sánchez Pizjuán. Sus 31 goles a favor fueron demasiado pocos para salvar la categoría.

MÁS GOLES

Joselu Mato

El rendimiento del gallego fue espectacular, incluso sin su pareja de baile favorita, Lucas Pérez. Hay que tener en cuenta que sus 14 tantos son el 45 % de los 31 del equipo.

14
GOLES

MÁS ASISTENCIAS DE GOL

Rubén Duarte y Joselu Mato

De nuevo destacó Joselu, aunque a su lado estuvo esta vez Rubén Duarte, el típico lateral con facilidad para el repliegue, que puede jugar de tercer central si es necesario y que no se anda con chiquitas a la hora de disputar el balón. Además de cumplir con sus obligaciones defensivas, ahí estuvo el almeriense cumpliendo también en ataque, más por la precisión de sus centros que por la profundidad de sus internadas por la banda izquierda.

4 ASISTENCIAS

MÁS GOLES EVITADOS

Fernando Pacheco

Pacheco, en otro año prodigioso, se tuvo que multiplicar, con casi tres paradas por partido. Aun así, el D. Alavés recibió 65 goles, una cifra negativa que solo fue aún peor para el Levante UD.

89 PARADAS

MÁS PASES COMPLETADOS

Víctor Laguardia

Ningún jugador del D. Alavés fue capaz de llegar a completar mil pases a lo largo de la temporada y solo siete pasaron de los 500, incluyendo al portero.

930
PASES COMPLETADOS

MÁS RECUPERACIONES

Rubén Duarte

Solo tres jugadores de LaLiga (Maksimović, Djené y Nacho Vidal) recuperaron más balones que Rubén Duarte, y eso que el almeriense solo jugó 19 partidos completos. Duarte es un jugador siempre solvente, tanto en ataque como en defensa. Donde ve un balón, va como una fiera, lo que le permite interceptar muchos pases, pero también le convierte en uno de los jugadores más sancionados de LaLiga, con once tarjetas amarillas y una roja.

57
RECUPERACIONES

EL DATO

14 goles marcados a balón parado

El 45,2 % de los tantos que anotó el D. Alavés llegaron a través de la estrategia a balón parado. Solo el RCD Mallorca consiguió un porcentaje superior.

Los cracs

DE LALIGA SANTANDER

Son los mejores, los que más han destacado en los distintos campos estadísticos: los porteros que más paran y los que menos goles reciben; los defensas que más balones roban y los que mejor ven la portería contraria; los mediocampistas con más asistencias de gol y con mayor capacidad defensiva; y los delanteros más efectivos en la presión y con mayor facilidad para apretar el gatillo del gol. Aquí los tienes a todos.

PORTEROS

Si por algo ha destacado LaLiga Santander en las últimas décadas es por la calidad de sus guardametas, claves en prácticamente todos los equipos. Courtois, Oblak, Ter Stegen, Bono (Yassine Bounou), Luís Maximiano, Rui Silva..., pocas ligas presentan la cantidad y la calidad que exhibe la española bajo palos, un prodigio de talento y reflejos.

LOS PORTEROS MENOS GOLEADOS (MÍNIMO 25 PARTIDOS DISPUTADOS)

1 **BONO** (SEVILLA FC) 24 goles recibidos

2 Gerónimo Rulli (VILLARREAL CF) 28

3 Thibaut Courtois (REAL MADRID) 29

LOS PORTEROS CON MÁS PARADAS

1 **LUÍS MAXIMIANO** (GRANADA CF) 127

2 Jeremías Ledesma (CÁDIZ CF) 120

3 Diego López (RCD ESPANYOL DE BARCELONA) 115

Bono

Luís Maximiano

Sergio Herrera

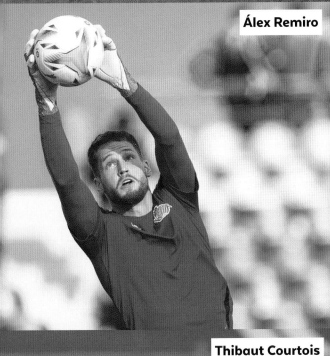

Álex Remiro

LOS PORTEROS CON MÁS GRANDES OPORTUNIDADES SALVADAS

1 LUÍS MAXIMIANO (GRANADA CF) 22

2 Sergio Herrera (CA OSASUNA) 21
2 Jeremías Ledesma (CÁDIZ CF) 21

LOS PORTEROS QUE HAN DEJADO MÁS PARTIDOS LA PORTERÍA A CERO

1 ÁLEX REMIRO (REAL SOCIEDAD) 19

2 Thibaut Courtois (REAL MADRID) 16
3 Matías Dituro (RC CELTA) 14
3 David Soria (GETAFE CF) 14

PORTEROS CON MEJOR PORCENTAJE DE PARADAS SOBRE DISPAROS A PUERTA RECIBIDOS

1 BONO (SEVILLA FC) 76 %

2 Thibaut Courtois (REAL MADRID) 75,8 %
3 Giorgi Mamardashvili (VALENCIA CF) 73,0 %

Thibaut Courtois

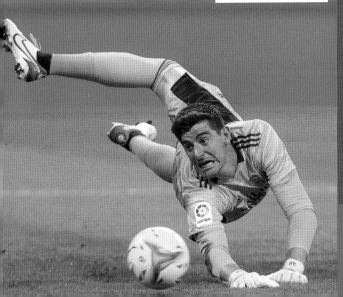

151

DEFENSAS

Centrales contundentes, con buena salida de balón o con la portería contraria siempre en mente... Laterales rápidos, profundos o más centrados en defensa... En LaLiga Santander tenemos de todo y para todos. Estos han sido los que más han destacado estadísticamente esta temporada.

LOS DEFENSAS QUE HAN RECUPERADO MÁS BALONES

1 **DAKONAM DJENÉ** (GETAFE CF) 59

2 Nacho Vidal (CA OSASUNA) 58

3 Rubén Duarte (D. ALAVÉS) 57

LOS DEFENSAS CON MÁS DESPEJES

1 **LEANDRO CABRERA** (RCD ESPANYOL DE BARCELONA) 215

2 Martin Valjent (RCD MALLORCA) 171

3 David García (CA OSASUNA) 166

LOS DEFENSAS QUE MAYOR PORCENTAJE DE DUELOS HAN GANADO

1 **ALEJANDRO CATENA** (RAYO VALLECANO) 66,5 %

2 Ronald Araujo (FC BARCELONA) 66,1 %

3 Aritz Elustondo (REAL SOCIEDAD) 66,0 %

LOS DEFENSAS QUE HAN COMETIDO MÁS FALTAS

1 **MATHÍAS OLIVERA** (GETAFE CF) 55

2 Javi Galán (RC CELTA) 54

3 David García (CA OSASUNA) 53

LOS DEFENSAS CON MÁS TARJETAS AMARILLAS

1 **OMAR ALDERETE** (VALENCIA CF) 15

2 Damián Suárez (GETAFE CF) 13

3 Stefan Savić (ATLÉTICO DE MADRID) 12

LOS DEFENSAS QUE MÁS GOLES HAN MARCADO

1 **DAVID GARCÍA** (CA OSASUNA) 4

1 **RONALD ARAUJO** (FC BARCELONA) 4

1 **ARITZ ELUSTONDO** (REAL SOCIEDAD) 4

Dakonam Djené

Alejandro Catena

Omar Alderete

Leandro Cabrera

Mathías Olivera

David García

Ronald Araujo

Aritz Elustondo

Sergio Busquets

Carlos Soler

Toni Kroos

Iker Muniain

Daniel Parejo

Nemanja Maksimović

Brais Méndez

MEDIOCAMPISTAS

Algunos tienen la responsabilidad de organizar el juego de su equipo, otros son especialistas en recuperar balones, y los más talentosos tienen carta libre para conectar con los delanteros, intentar el disparo desde lejos o hacer magia a balón parado. LaLiga Santander tiene en el medio campo de sus equipos uno de sus puntos fuertes, lo que la convierte en la competición más atractiva del mundo.

LOS MEDIOCAMPISTAS QUE MÁS PASES HAN COMPLETADO

1 SERGIO BUSQUETS (FC BARCELONA) 2.425

2 Toni Kroos (REAL MADRID) 2.040

3 Daniel Parejo (VILLARREAL CF) 1.744

LOS MEDIOCAMPISTAS CON MAYOR ACIERTO EN EL PASE

1 TONI KROOS (REAL MADRID) 94,88 %

2 Frenkie de Jong (FC BARCELONA) 91,33 %

3 Fran Beltrán (RC CELTA) 91,24 %

LOS MEDIOCAMPISTAS QUE MÁS BALONES HAN RECUPERADO

1 NEMANJA MAKSIMOVIĆ (GETAFE CF) 71

2 Martín Zubimendi (REAL SOCIEDAD) 49

3 Omar Mascarell (ELCHE CF) 48

LOS MEDIOCAMPISTAS QUE MÁS GOLES HAN MARCADO

1 CARLOS SOLER (VALENCIA CF) 11

2 Gonzalo Melero (LEVANTE UD) 7

3 Nabil Fekir (REAL BETIS) 6

3 Yannick Carrasco (ATLÉTICO DE MADRID) 6

3 Manu Trigueros (VILLARREAL CF) 6

LOS MEDIOCAMPISTAS CON MÁS ASISTENCIAS DE GOL

1 IKER MUNIAIN (ATHLETIC CLUB) 10

1 DANIEL PAREJO (VILLARREAL CF) 10

2 Óscar Trejo (RAYO VALLECANO) 9

2 Sergi Darder (RCD ESPANYOL DE BARCELONA) 9

LOS MEDIOCAMPISTAS QUE MÁS FALTAS HAN COMETIDO

1 BRAIS MÉNDEZ (RC CELTA) 75

2 Hugo Guillamón (VALENCIA CF) 71

3 Nabil Fekir (REAL BETIS) 65

3 Dani Rodríguez (RCD MALLORCA) 65

Karim Benzema

DELANTEROS

Como cada año, LaLiga Santander cuenta con una amplísima nómina de jugadores de ataque decisivos en el área: Karim Benzema ha estado luchando hasta las últimas jornadas por la Bota de Oro, y ahí han seguido los «sospechosos habituales», como Iago Aspas, Raúl de Tomás o Joselu Mato. Las grandes sorpresas del año, sin duda, han sido Vini Jr., Juanmi Jiménez y Enes Ünal, que han completado un año formidable. Estos han sido los mejores por categoría.

LOS DELANTEROS QUE MÁS GOLES HAN MARCADO

1 KARIM BENZEMA (REAL MADRID) 27

2 Iago Aspas (RC CELTA) 18

3 Raúl de Tomás (RCD ESPANYOL DE BARCELONA) 17

LOS DELANTEROS QUE MÁS GOLES HAN MARCADO POR MINUTO (MÍNIMO 5 GOLES)

1 KARIM BENZEMA (REAL MADRID) 1 gol/96,26 minutos

2 Pierre-Emerick Aubameyang (FC BARCELONA) 1 gol/99,27 minutos

3 Luuk de Jong (FC BARCELONA) 1 gol/107 minutos

Pierre-Emerick Aubameyang

LOS DELANTEROS CON MÁS ASISTENCIAS DE GOL

1 **OUSMANE DEMBÉLÉ** (FC BARCELONA) 13

2 Karim Benzema (REAL MADRID) 12

3 Vini Jr. (REAL MADRID) 10

LOS DELANTEROS QUE MÁS HAN TIRADO A PORTERÍA

1 **KARIM BENZEMA (REAL MADRID) 59**

2 Raúl de Tomás (RCD ESPANYOL DE BARCELONA) 45

3 Vini Jr. (REAL MADRID) 43

LOS DELANTEROS CON MÁS REGATES CON ÉXITO

1 **VINI JR. (REAL MADRID) 95**

2 Gonçalo Guedes (VALENCIA CF) 64

3 José Luis Morales (LEVANTE UD) 64

Ousmane Dembélé

Raúl de Tomás

Vini Jr.

Los grandes partidos

DE LA TEMPORADA 2021-2022

Seguro que cada aficionado tiene su propia lista de los mejores partidos de la pasada temporada, en parte según cómo le fuera a su equipo en la contienda, el número de goles marcados o la emoción del resultado. Nosotros hemos decidido seleccionar los siguientes, explicando por qué nos parecen los más relevantes y recordando sus detalles más importantes.

ElClasico

JORNADA 10 (24/10/2021)

FC Barcelona	1

FC Barcelona:
- Ter Stegen
- Dest
- E. García
- Piqué
- Mingueza (Coutinho 46')
- Jordi Alba
- F. de Jong (S. Roberto 77')
- Busquets
- Gavi (L. de Jong 85')
- Ansu Fati (Agüero 74')
- Memphis Depay

Real Madrid:
- Vini Jr. (Asensio 87')
- Benzema
- Rodrygo (Valverde 72') (Carvajal 92')
- Modrić
- Casemiro
- Kroos
- Mendy
- Alaba
- Militão
- Lucas Vázquez
- Courtois

Real Madrid	2

GOLES: 0-1 (min 32) Alaba; 0-2 (min 93) Lucas Vázquez; 1-2 (min 97) Kun Agüero

JORNADA 29 (20/03/2022)

Real Madrid	0

Real Madrid:
- Courtois
- Carvajal (Mariano 46')
- Militão
- Nacho (Lucas Vázquez 63')
- Alaba
- Valverde
- Casemiro
- Kroos (Camavinga 46')
- Vini Jr.
- Rodrygo (Asensio 63')
- Modrić

FC Barcelona:
- Dembélé (Adama 80')
- Aubameyang (Memphis Depay 71')
- Ferran Torres
- F. de Jong (Gavi 71')
- Busquets
- Pedri (Nico 86')
- Jordi Alba (Alves 86')
- Piqué
- Araujo
- E. García
- Ter Stegen

FC Barcelona	4

GOLES: 0-1 (min 29) Aubameyang; 0-2 (min 38) Araújo; 0-3 (min 47) Ferran Torres; 0-4 (min 51) Aubameyang

ElClasico de la primera vuelta llegó en la jornada 10. El Real Madrid lideraba LaLiga Santander, y el FC Barcelona caería hasta la novena posición tras el encuentro. Ronald Koeman aguantaría dos partidos más como entrenador antes de ser destituido. El partido pasará a la historia, entre otras cosas, porque Sergio «Kun» Agüero marcó el último gol de su carrera deportiva.

Poco tenía que demostrar a estas alturas un Real Madrid que ya se veía campeón y estaba concentrado en Europa. El FC Barcelona de Xavi se presentó en el Bernabéu dispuesto a reivindicarse y lo consiguió de sobra. Cuatro goles para un equipo que, tras la vuelta de Pedri y los fichajes de Aubameyang y Ferran Torres, parecía otro y acabaría consiguiendo la segunda plaza final.

JORNADA 26
(27/02/2022)

Sevilla FC   **2**

Bono

Jesús Navas   Diego Carlos   Fernando   Acuña
(Gudelj 46')   (Augustinsson 81')

Jordán   Delaney
(Oliver 76')

Papu Gómez   Corona   Rakitić
(Munir 30')

En-Nesyri
(Rafa Mir 81')

Borja Iglesias
(Willian José 70')

Tello   Canales   Fekir
(Joaquín 46')

William Carvalho   Guido Rodríguez
(Ruibal 46')   (Akouokou 77')

Álex Moreno   Víctor Ruiz   Bartra   Bellerín

Bravo

Real Betis   **1**

GOLES: 1-0 (min 24) Rakitić (penalty); 2-0 (min 41) Munir; 2-1 (min 94) Canales

Segundo contra tercero en ElGranDerbi. El Real Betis llegaba al Sánchez Pizjuán con la intención de acercarse a un eterno rival que aún se mantenía con opciones al título, apenas a seis puntos del Real Madrid. El partido dio inicio a una mala racha para ambos equipos que les relegó al cuarto y quinto puesto al final, con lo que esos tres puntos que se llevó el Sevilla FC con solvencia acabaron siendo clave en la clasificación para la Champions, que conseguiría con apenas cinco de colchón.

JORNADA 22
(22/01/2022)

Atlético de Madrid   **3**

Oblak

Vrsaljko   Hermoso   Giménez   Lodi
(Herrera 61')   (Correa 46')

Koke   De Paul   Lemar   Carrasco
(Felipe 57')   (Serrano 99')

João Félix   Luis Suárez
(Cunha 57')

Hugo Duro   Guedes
(Maxi Gómez 72')

Musah   Foulquier   Carlos Soler   Guillamón
(Račić 88')

Lato   Alderete   Diakhaby   Correia
(Vázquez 72')   (Koindredi 54')   (Mosquera 72')

Jaume

Valencia CF   **2**

GOLES: 0-1 (min 25) Musah; 0-2 (min 44) Hugo Duro; 1-2 (min 64) Cunha; 2-2 (min 90) Correa; 2-3 (min 93) Hermoso

Después de sumar cuatro puntos de quince posibles en LaLiga Santander, el Atlético de Madrid recibía al Valencia CF ubicado en la sexta posición. No era difícil imaginar un mundo paralelo en el que, si Correa y Hermoso no hubieran remontado este partido en la prolongación, las críticas habrían aumentado y el Atlético se habría dejado caer en la clasificación. Sin embargo, el equipo que presume de no dejar nunca de creer acabó imponiéndose al Valencia CF, y desde entonces solo perdería cinco partidos más en toda la temporada, asegurándose la tercera plaza y el correspondiente puesto en la Champions League.

JORNADA 37
(15/05/2022)

Villarreal CF   **1**

Rulli

Foyth   Pau Torres   Albiol (Gaspar 81')   Estupiñán (Pedraza 75')

Coquelin (Trigueros 81')   Capoue   Parejo

Lo Celso   Dia (Jackson 65')   Chukwueze (Alcácer 75')

Sørloth (Januzaj 81')   Isak (Portu 88')

Silva   Illarramendi (Rafinha 65')   Merino   Zubimendi

Diego Rico   Zubeldia   Le Normand   Zaldua (Gorosabel 46')

Remiro

Real Sociedad   **2**

GOLES: 1-0 (min 43) Coquelin; 1-1 (min 56) Isak; 1-2 (min 73) Zubimendi

Después de tantas irregularidades, de tantas derrotas ante equipos en descenso y de tantas lesiones (ni Gerard Moreno ni Danjuma pudieron jugar este partido), el Villarreal CF aún tenía una oportunidad de clasificarse para la Europa League, título que ganó en 2021. Su rival, la Real Sociedad, ocupaba la sexta plaza de la clasificación con tres puntos de ventaja, pero con el golaveraje perdido en caso de derrota. Todo se resumía, en fin, en este partido. El Villarreal CF se adelantó en la primera parte, pero cayó en la segunda ante la regularidad y el tradicional dominio del balón de la Real Sociedad. Los donostiarras se iban a la Europa League, y los groguets se quedaban con el consuelo de la Conference League.

JORNADA 37
(15/05/2022)

RCD Mallorca   **2**

Rayo Vallecano   **1**

JORNADA 38
(22/05/2022)

D. Alavés   **0**

Cádiz CF   **1**

GOLES: 1-0 (min 13) Muriqi; 1-1 (min 62) Ciss; 2-1 (min 92) Abdón Prats

GOLES: 0-1 (min 76) Lozano

Después de perder 2-6 contra el Granada CF, el RCD Mallorca llegaba a la penúltima jornada de LaLiga Santander en puestos de descenso. A dos puntos del Cádiz CF y a cuatro del propio Granada CF, necesitaba ganar como fuera y confiar en que el Real Madrid rascara algo en el Carranza o que los de Karanka no ganaran en el Villamarín. Se dieron ambas cosas: el Cádiz CF empató a uno con el ya campeón, y el Real Betis se impuso fácilmente (2-0) en su partido. Solo quedaba que el RCD Mallorca hiciera sus deberes, aunque, según pasaban los minutos, se esfumaban las esperanzas de los aficionados. Así, hasta que en el minuto 92, Abdón Prats se aprovechó de un balón colgado al área para cruzarlo lejos del alcance del portero y poner el 2-1 en el marcador. El gol que acabaría dándole la permanencia a su equipo.

El Cádiz CF estaba ya en LaLiga SmartBank. Quedaban menos de veinte minutos de partido, el RCD Mallorca ganaba cómodamente en Pamplona, y pocos dudaban de que el Granada CF, que acababa de fallar un penalti, acabaría imponiéndose al RCD Espanyol de Barcelona. En ese momento, Sergio González decidió meter en el campo a Anthony «Choco» Lozano, y el hondureño respondió a los cuatro minutos marcando el gol más importante del año para el Cádiz CF. Un gol que sirvió para llevarse los tres puntos y obligó a esperar, esperar y esperar, hasta que el árbitro pitó el final en Granada y se confirmó la permanencia del Cádiz CF por segundo año consecutivo.

Granada CF	0

Luís Maximiano

Quini — Domingos Duarte — Víctor Díaz — Escudero

Collado (Gonalons 85') — Petrović (Germán 85') — Milla (Eteki 85') (Bacca 85')

Puertas — Luis Javier Suárez (Uzuni 62') — Jorge Molina

Puado (Koleosho 90') — Vilhena (Dídac Vilà)

Embarba (Lei 73') — Melamed (Melendo 73') — Darder — Yangel Herrera

Cabrera — Sergi Gómez — David López (Calero 88') — Aleix Vidal

Diego López

RCD Espanyol de Barcelona	0

GOLES: sin goles

El RCD Espanyol de Barcelona llegó a Granada sin nada en juego y con nuevo entrenador tras la destitución de Vicente Moreno. Aunque el once que puso Lluís Blanco presentaba las suficientes garantías para ganar, cabía la posibilidad de que, sin Raúl de Tomás, los pericos se quedasen sin puntuar en el Nuevo Los Cármenes ante un equipo que se había ganado jugarse en casa la permanencia. Y, sin embargo, así fue. El Granada CF falló todo lo posible, incluido un penalti en el minuto 72, y sus dos rivales ganaron. Todo lo que podía salir mal salió mal para un equipo que parecía salvado a dos jornadas del final y que tendrá que luchar el año que viene por el ascenso en LaLiga SmartBank.

LOS PARTIDOS CON MÁS GOLES

JORNADA 10
(24/10/2021)

Sevilla FC	**5**

Levante UD	**3**

GOLES: 1-0 (min 8) Oliver; 2-0 (min 24) Rafa Mir; 2-1 (min 33) Morales; 3-1 (min 38) Diego Carlos; 4-1 (min 50) Munir; 4-2 (min 55) Morales; 4-3 (min 61) Melero; 5-3 (min 64) Fernando

JORNADA 35
(07/05/2022)

RCD Mallorca	**2**

Granada CF	**6**

GOLES: 0-1 (min 6) Luis J. Suárez; 1-1 (min 28) Salva Sevilla; 1-2 (min 46) Escudero; 1-3 (min 55) Puertas; 2-3 (min 58) Raíllo; 2-4 (min 69) Jorge Molina; 2-5 (min 78) Uzuki; 2-6 (min 90) Jorge Molina

Hasta siete partidos de LaLiga Santander acabaron con siete goles marcados, pero solo dos llegaron a ocho. El Sevilla FC-Levante UD de la jornada 10, pese a las múltiples bajas del equipo local, y el RCD Mallorca-Granada CF de la jornada 35, que parecía sentenciar la lucha por el descenso.

EL PARTIDO MÁS LARGO DE LA TEMPORADA

JORNADA 7
(26/09/2021)

RCD Mallorca   **2**

Greif

Sastre — Valjent — Costa — Oliván

Baba — Salva Sevilla
(Ruiz de Galarreta 88')

Dani Rodríguez — Lee — Amath
(Lago Junior 58') (Ángel 88')

Fer Niño
(Abdón Prats 64')

«Chimy» Ávila — Íñigo Pérez
(Kike García 71') (Rubén García 70')

Oier — Moncayola — Brašanac — Javi Martínez

Cote — Aridane — David García — Areso
(Manu Sánchez (Unai García 70') (Nacho Vidal 83')
81')

Herrera

CA Osasuna   **3**

GOLES: 0-1 (min 9) Cote; 1-1 (min 11) Dani Rodríguez; 2-1 (min 49) Fer Niño; 2-2 (min 58) Íñigo Pérez; 2-3 (min 88) Javi Martínez

Nueve partidos de LaLiga Santander se fueron por encima de los 104 minutos de juego, contando las prolongaciones de ambos periodos. Otros tres sobrepasaron los 105 minutos, entre ellos, el Rayo Vallecano-Getafe CF (3-0), el Athletic Club-Granada CF (2-2) y este RCD Mallorca-CA Osasuna que acabó en 106 minutos y 51 segundos.

Los equipos que más...

Estos han sido los mejores (o los peores) equipos de LaLiga Santander 2021-2022: los que más faltas recibieron, los que más penaltis tiraron, los que más goles marcaron a balón parado... Los repasamos a continuación.

MÁS GOLES A FAVOR

1 REAL MADRID **68**

2 FC Barcelona **65**
3 Atlético de Madrid **63**

MENOS GOLES A FAVOR

1 D. ALAVÉS **31**

2 Getafe CF **33**
3 Cádiz CF **35**

MÁS GOLES EN CONTRA

1 LEVANTE UD **76**

2 D. Alavés **65**
3 RCD Mallorca **63**

MENOS GOLES EN CONTRA

1 SEVILLA FC **30**

2 Real Madrid **31**
3 Athletic Club **36**

MÁS GOLES MARCADOS EN LOS PRIMEROS 15 MINUTOS

1 FC BARCELONA **10**

2 RC Celta **9**
3 Sevilla FC **9**
3 Villarreal CF **9**

MÁS GOLES RECIBIDOS EN LOS PRIMEROS 15 MINUTOS

1 LEVANTE UD **13**

2 Cádiz CF **10**
3 D. Alavés **10**

MÁS GOLES MARCADOS EN LOS ÚLTIMOS 15 MINUTOS
(MÁS TIEMPO DE PROLONGACIÓN)

1 REAL MADRID **25**

2 Atlético de Madrid **19**

3 Levante UD **18**

MÁS GOLES RECIBIDOS EN LOS ÚLTIMOS 15 MINUTOS
(MÁS TIEMPO DE PROLONGACIÓN)

1 RCD MALLORCA **19**

1 LEVANTE UD **19**

2 D. Alavés **18**

MÁS GOLES RECIBIDOS DE PENALTI

1 CÁDIZ CF **11**

2 Rayo Vallecano **7**
2 Valencia CF **7**
2 Atlético de Madrid **7**
2 Granada CF **7**

MÁS GOLES MARCADOS DE CABEZA

1 FC BARCELONA **16**

2 Sevilla FC **11**
3 Atlético de Madrid **10**
3 CA Osasuna **10**

MÁS GOLES MARCADOS DESDE FUERA DEL ÁREA

1 GRANADA CF **12**

2 Real Betis **10**
3 Sevilla FC **7**

MÁS GOLES MARCADOS DE PENALTI

1 REAL SOCIEDAD **9**

2 Valencia CF **8**
2 Real Madrid **8**
2 Levante UD **8**

MÁS GOLES EN PROPIA PUERTA

1 RCD MALLORCA **4**

2 Valencia CF **3**
3 Atlético de Madrid **3**

MÁS GOLES MARCADOS A BALÓN PARADO
(SAQUES DE ESQUINA + FALTAS + PENALTIS)

1 REAL MADRID **19**

2 RCD Mallorca **18**
2 Valencia CF **18**
2 Sevilla FC **18**
2 Villarreal CF **18**

MÁS GOLES RECIBIDOS A BALÓN PARADO
(SAQUES DE ESQUINA + FALTAS + PENALTIS)

1 CÁDIZ CF **25**

2 Rayo Vallecano **22**
3 Levante UD **20**

MÁS TIROS EFECTUADOS

1 REAL MADRID **493**

2 FC Barcelona **396**
3 Real Betis **377**

MÁS TIROS RECIBIDOS

1 GRANADA CF **566**

2 Elche CF **522**
3 D. Alavés **511**

MÁS TIROS A PORTERÍA EFECTUADOS

1 REAL MADRID **259**

2 Real Betis **189**
3 FC Barcelona **185**

MÁS TIROS A PUERTA RECIBIDOS

1 LEVANTE UD **205**

2 Granada CF **201**
3 RCD Espanyol de Barcelona **174**

MÁS CENTROS AL ÁREA

1 CÁDIZ CF **865**

2 CA Osasuna **864**
3 Rayo Vallecano **862**

MÁS PASES INTENTADOS (SIN CONTAR CENTROS AL ÁREA)

1 REAL MADRID **22.960**

2 FC Barcelona **22.564**
3 Sevilla FC **19.698**

MAYOR PRECISIÓN EN LOS PASES

1 REAL MADRID **89,0 %**

2 FC Barcelona **88,2 %**
3 Sevilla FC **84,7 %**

MÁS FALTAS COMETIDAS

1 VALENCIA CF **641**

2 Getafe CF **559**
3 RCD Mallorca **554**

MÁS TARJETAS AMARILLAS RECIBIDAS

1 VALENCIA CF **123**

2 Getafe CF **120**
3 RCD Mallorca **105**
3 Levante UD **105**
3 Atlético de Madrid **105**

MÁS TARJETAS ROJAS RECIBIDAS

1 GETAFE CF **7**

2 Real Betis **5**
3 Levante UD **4**
3 Elche FC **4**
3 RCD Espanyol de Barcelona **4**

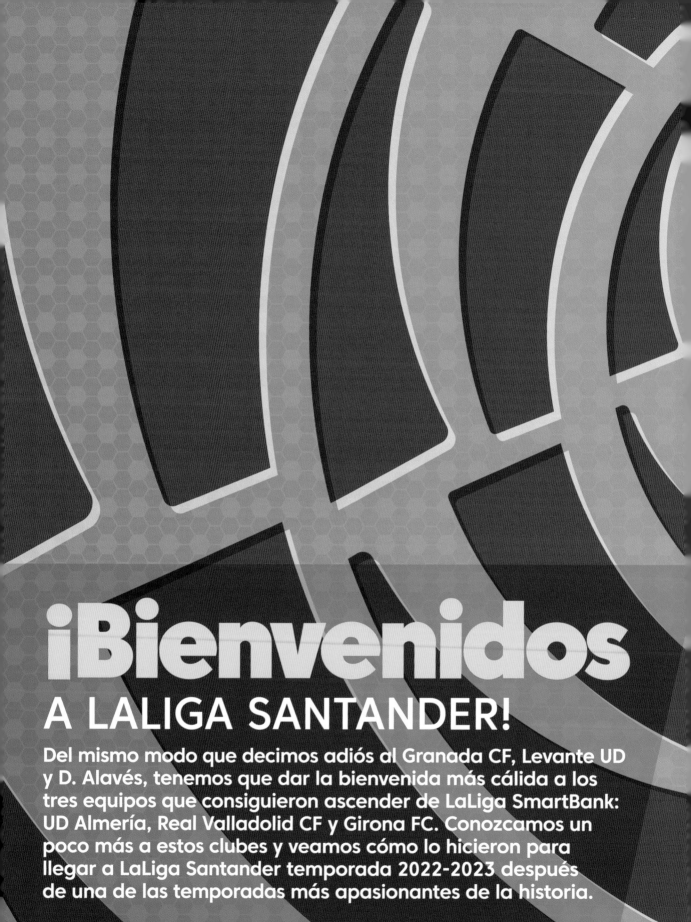

¡Bienvenidos

A LALIGA SANTANDER!

Del mismo modo que decimos adiós al Granada CF, Levante UD y D. Alavés, tenemos que dar la bienvenida más cálida a los tres equipos que consiguieron ascender de LaLiga SmartBank: UD Almería, Real Valladolid CF y Girona FC. Conozcamos un poco más a estos clubes y veamos cómo lo hicieron para llegar a LaLiga Santander temporada 2022-2023 después de una de las temporadas más apasionantes de la historia.

UD ALMERÍA

LA CONSTANCIA POR BANDERA

Año de fundación: **1989**

Temporadas en LaLiga Santander: **6**

Mejor clasificación: **9.º (2008)**

Máximo goleador histórico en LaLiga Santander: **Álvaro Negredo (32 goles en dos temporadas con la UD Almería)**

Clasificaciones en los últimos cinco años (de 2022 a 2018): **1.º, 3.º, 4.º, 10.º, 18.º (todas en LaLiga SmartBank)**

Once tipo: **1-4-4-2**

El UD Almería pone fin a un periplo de siete años por la segunda división del fútbol profesional sin necesidad de promociones ni sufrimientos extra.

La clave del ascenso estuvo, sin duda, en el fabuloso rendimiento del nigeriano Sadiq Umar, autor de 18 goles en 36 partidos, el sexto máximo goleador de la categoría. La UD Almería consiguió entrar en los puestos de ascenso directo en la jornada séptima, y ahí se mantuvo durante 35 jornadas, con dos excepciones, en las que bajó al tercer puesto. Un auténtico rodillo, el equipo del técnico Rubi (Joan Francesc Ferrer) solo flaqueó cuando más cerca estaba del objetivo, con dos empates en las últimas dos jornadas.

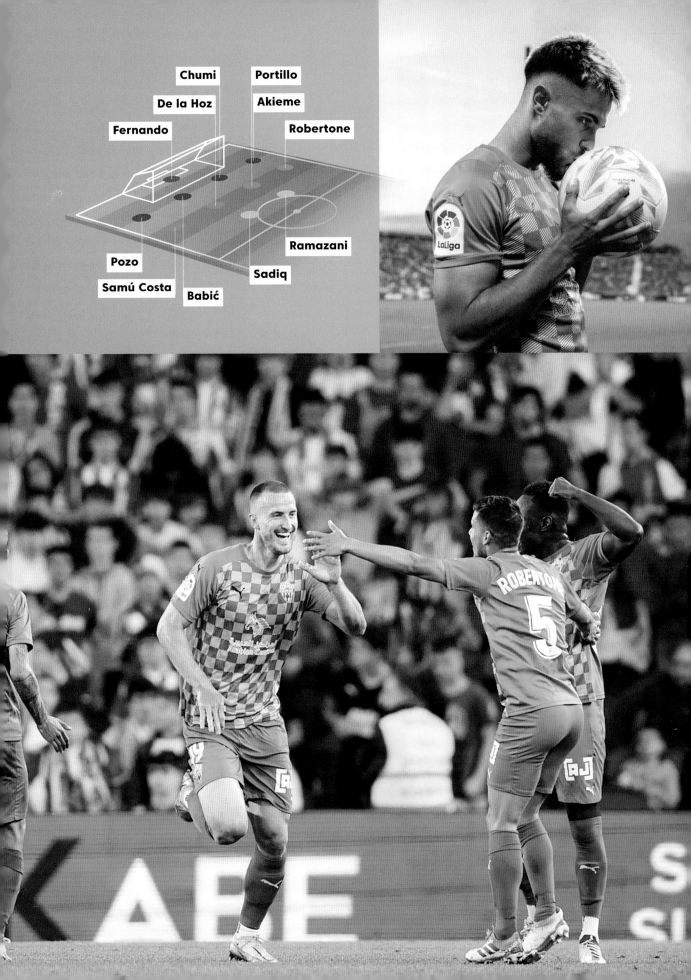

Chumi

Portillo

De la Hoz

Akieme

Fernando

Robertone

Ramazani

Pozo

Sadiq

Samú Costa

Babić

REAL VALLADOLID CF

EL MÁS RÁPIDO DEL ESPRINT FINAL

Año de fundación: **1928**

Temporadas en LaLiga Santander: **45**

Mejor clasificación: **4.º (1963)**

Máximo goleador histórico en LaLiga Santander: **Alen Peternac (55 goles en cinco temporadas con el Real Valladolid CF)**

Clasificaciones en los últimos cinco años (de 2022 a 2018): **2.º (LaLiga SmartBank), 19.º, 13.º, 16.º, 5.º (LaLiga SmartBank)**

Once tipo: **1-4-2-3-1**

Cuatro victorias consecutivas para acabar la temporada. 23 de los últimos 30 puntos posibles. Con un esprint final así, los de Pacheta (José Rojo) pusieron todo de su parte para volver, un año después, a LaLiga Santander; pero necesitaron también de la ayuda inestimable del Eibar, que en ese mismo periodo cedió trece puntos decisivos, incluidos los tres en Alcorcón que mencionábamos anteriormente. En Valladolid, todo el mundo se preparaba para la promoción cuando cayó un ascenso directo inesperado, pero merecido.

Como todos los equipos de Pacheta, el Real Valladolid CF fue un equipo ordenado y sobrio. Con un delantero como el israelí Weissman (20 goles en 38 partidos) como gran estrella, los veteranos del equipo (Masip, Plano, Nacho, Roque Mesa) se juntaron con los más jóvenes (Plata, Monchu, Javi Sánchez) y con los ya consolidados con experiencia en LaLiga Santander (Toni Villa, Joaquín, Olaza) para formar un equipo que decidió no rendirse y obtuvo al final el mejor premio posible.

Masip
Aguado
Plano
Joaquín
Nacho Martínez
Weissman
Plata
Luis Pérez
Javi Sánchez
Toni Villa
Roque Mesa

GIRONA FC

EL TALISMÁN DEL SEXTO PUESTO

Año de fundación: **1930**

Temporadas en LaLiga Santander: **2**

Mejor clasificación: **10.º (2018)**

Máximo goleador histórico en LaLiga Santander: **Cristhian Stuani (40 goles en dos temporadas con el Girona FC)**

Clasificaciones en los últimos cinco años (de 2022 a 2018): **6.º (LaLiga SmartBank), 5.º (LaLiga SmartBank), 5.º (LaLiga SmartBank), 18.º, 10.º**

Once tipo: **1-5-3-2**

Por tercer año consecutivo, el sexto clasificado ganó el *play-off* de promoción a LaLiga Santander. Normalmente, se suele atribuir este hecho a que el sexto se clasifica por los pelos, pero en buena racha y con la moral por las nubes. No fue el caso del Girona en 2022. Los de Míchel (Miguel Ángel Sánchez) pasaron las últimas dieciséis jornadas en puestos de promoción y a punto estuvieron de perder el puesto en el último momento frente al Real Oviedo. De los últimos doce puntos, solo consiguieron sumar cuatro.

Pero bastó con eso. Con Stuani —máximo goleador de la categoría, con 22 goles— en punta un año más y con una nueva generación de jóvenes cedidos derribando la puerta a golpes —Arnau, Álex Baena, Pol Lozano—, el Girona FC fue capaz de eliminar al Eibar en las semifinales pese a perder la ida en casa (la temporada pasada le pasó justo lo contrario con el Rayo Vallecano) y de formalizar el ascenso con otra victoria fuera de casa (1-3) en el Heliodoro Rodríguez López, frente al Tenerife. A la tercera promoción, fue la vencida.

Bueno
Borja García
Juanpe
Jairo
Juan Carlos
Álex Baena
Stuani
Arnau
Samu Saiz
Bernardo
Aleix García

Un repaso a la historia en números

HASTA EL FINAL DE LA TEMPORADA 2021-2022

Son los más grandes entre los grandes. Los nombres que vertebran la historia de LaLiga Santander con sus actuaciones descomunales. Los más longevos, los más productivos, los más eficientes… Aquí, un repaso a los que han sido los dominadores estadísticos de estos 91 años de LaLiga.

MÁXIMOS GOLEADORES

1 LIONEL MESSI
(FC BARCELONA)
474 goles

2 Cristiano Ronaldo
(Real Madrid) 311

3 Telmo Zarra
(Athletic Club) 251

4 Hugo Sánchez
(Atlético de Madrid, Real Madrid, Rayo Vallecano) 234

5 Raúl González
(Real Madrid) 228

6 Alfredo Di Stéfano
(Real Madrid, RCD Espanyol de Barcelona) 227

7 César Rodríguez
(Granada CF, FC Barcelona, Cultural y Deportiva Leonesa, Elche CF) 220

8 Karim Benzema
(Real Madrid) 219

9 Enrique Castro «Quini»
(Sporting de Gijón, FC Barcelona) 219

10 Manuel Fernández Pahiño
(RC Celta, Real Madrid, Deportivo de La Coruña) 214

MÁXIMOS GOLEADORES EN ACTIVO

1 LIONEL MESSI
(FC BARCELONA)
474 goles

2 Cristiano Ronaldo
(Real Madrid) 311

3 Karim Benzema
(Real Madrid) 219

4 Luis Suárez
(FC Barcelona, Atlético de Madrid) 176

5 Antoine Griezmann
(Real Sociedad, Atlético de Madrid, FC Barcelona) 159

6 Iago Aspas
(RC Celta) 135

7 Roberto Soldado
(Real Madrid, CA Osasuna, Getafe CF, Valencia CF, Villarreal CF, Granada CF, Levante UD) 129

8 Álvaro Negredo
(UD Almería, Sevilla CF, Valencia CF, Cádiz CF) 126

9 Raúl García
(CA Osasuna, Atlético de Madrid, Athletic Club) 108

10 Gerard Moreno
(RCD Espanyol de Barcelona, Villarreal CF) 101

MÁS HAT-TRICKS CONSEGUIDOS

1 LIONEL MESSI (FC BARCELONA) 36

2 Cristiano Ronaldo (Real Madrid) 34

3 Telmo Zarra (Athletic Club) 23

4 Alfredo Di Stéfano (Real Madrid, RCD Espanyol de Barcelona) 22

5 Edmundo «Mundo» Suárez (Athletic Club, Valencia CF, Alcoyano) 19

6 César Rodríguez (Granada CF, FC Barcelona, Cultural Leonesa, Elche CF) 15

7 Isidro Lángara (Real Oviedo) 13

8 Manuel Fernández Pahiño (RC Celta, Real Madrid, Deportivo Coruña) 12

8 Ferenc Puskás (Real Madrid) 12

9 Manuel Badenes (FC Barcelona, Valencia CF, Real Valladolid CF, Sporting de Gijón) 11

9 Ladislao Kubala (FC Barcelona, RCD Espanyol de Barcelona) 11

MÁS TÍTULOS DE PORTERO MENOS GOLEADO

1 ANTONI RAMALLETS (FC BARCELONA) 5

1 VÍCTOR VALDÉS (FC BARCELONA) 5

1 JAN OBLAK (ATLÉTICO DE MADRID) 5

2 Juan Acuña (Deportivo de La Coruña) 4

2 Santiago Cañizares (RC Celta, Valencia CF) 4

3 Ricardo Zamora (RCD Espanyol de Barcelona, Real Madrid) 3

3 Gregorio Blasco (Athletic Club) 3

3 José Vicente Train (Real Madrid) 3

3 Salvador Sadurní (FC Barcelona) 3

3 Luis Miguel Arconada (Real Sociedad) 3

3 Juan Carlos Ablanedo (Sporting de Gijón) 3

3 Thibaut Courtois (Atlético de Madrid, Real Madrid) 3

MÁS TÍTULOS DE MÁXIMO GOLEADOR

1 LIONEL MESSI (FC BARCELONA) 8

2 Telmo Zarra (Athletic Club) 6

3 Alfredo Di Stéfano (Real Madrid) 5

3 Enrique Castro «Quini» (Sporting de Gijón, FC Barcelona) 5

3 Hugo Sánchez (Atlético de Madrid, Real Madrid) 5

4 Ferenc Puskás (Real Madrid) 4

5 Isidro Lángara (Real Oviedo) 3

5 José Eulogio Gárate (Atlético de Madrid) 3

5 Cristiano Ronaldo (Real Madrid) 3

MÁS PARTIDOS DISPUTADOS

1 ANDONI ZUBIZARRETA (ATHLETIC CLUB, FC BARCELONA, VALENCIA CF) 622

2 Joaquín Sánchez (Real Betis, Valencia CF) 600

3 Raúl García (CA Osasuna, Atlético de Madrid, Athletic Club) 554

4 Raúl González (Real Madrid) 550

5 Eusebio Sacristán (Real Valladolid, Atlético de Madrid, FC Barcelona, RC Celta) 543

6 Paco Buyo (Sevilla FC, Real Madrid) 542

7 Manolo Sanchís (Real Madrid) 520

8 Lionel Messi (FC Barcelona) 520

9 Iker Casillas (Real Madrid) 510

10 Sergio Ramos (Sevilla FC, Real Madrid) 508

MÁS PARTIDOS DISPUTADOS Y EN ACTIVO

1 JOAQUÍN SÁNCHEZ (REAL BETIS, VALENCIA CF) 600

2 Raúl García (CA Osasuna, Atlético Madrid, Athletic Club) 554

3 Lionel Messi (FC Barcelona) 520

4 Sergio Ramos (Sevilla FC, Real Madrid) 508

5 Sergio Busquets (FC Barcelona) 451

6 Andrés Iniesta (FC Barcelona) 442

7 Jesús Navas (Sevilla FC) 440

8 Dani Alves (Sevilla FC, FC Barcelona) 436

9 Antoine Griezmann (Real Sociedad, Atlético de Madrid, FC Barcelona) 421

10 Dani Parejo (Real Madrid, Getafe CF, Valencia CF, Villarreal CF) 420

MÁS TÍTULOS DE LIGA

1 PACO GENTO
(REAL MADRID)
12

2 José Martínez Pirri
(Real Madrid) 10

2 Lionel Messi
(FC Barcelona) 10

3 Amancio Amaro
(Real Madrid) 9

3 Carlos Santillana
(Real Madrid) 9

3 José Antonio
Camacho
(Real Madrid) 9

3 Andrés Iniesta
(FC Barcelona) 9

4 Alfredo Di Stéfano
(Real Madrid) 8

4 Manolo Sanchís
(Real Madrid) 8

4 Xavi Hernández
(FC Barcelona) 8

4 Sergio Busquets
(FC Barcelona) 8

4 Gerard Piqué
(FC Barcelona) 8

MÁS PARTIDOS GANADOS

1 LIONEL MESSI
(FC BARCELONA)
383

2 Iker Casillas
(Real Madrid) 334

2 Sergio Ramos
(Sevilla FC, Real
Madrid) 334

3 Andoni Zubizarreta
(Athletic Club,
FC Barcelona,
Valencia CF) 333

4 Sergio Busquets
(FC Barcelona) 329

5 Raúl González
(Real Madrid) 327

6 Xavi Hernández
(FC Barcelona) 322

7 Andrés Iniesta
(FC Barcelona) 312

7 Manolo Sanchís
(Real Madrid) 312

8 Karim Benzema
(Real Madrid) 294